政府购买社会稳定
风险评估服务研究

肖军飞◎著

知识产权出版社
全国百佳图书出版单位
—北京—

图书在版编目（CIP）数据

政府购买社会稳定风险评估服务研究/肖军飞著. —北京：知识产权出版社，2024. 5
ISBN 978-7-5130-9259-3

Ⅰ. ①政… Ⅱ. ①肖… Ⅲ. ①社会稳定—风险评价—研究—中国 Ⅳ. ①D63

中国国家版本馆 CIP 数据核字（2024）第 031145 号

责任编辑：栾晓航　　　　　　　责任校对：谷　洋
封面设计：邵建文　马倬麟　　　责任印制：孙婷婷

政府购买社会稳定风险评估服务研究

肖军飞　著

出版发行：**知识产权出版社** 有限责任公司	网　　址：http://www.ipph.cn
社　　址：北京市海淀区气象路 50 号院	邮　　编：100081
责编电话：010-82000860 转 8382	责编邮箱：4876067@qq.com
发行电话：010-82000860 转 8101/8102	发行传真：010-82000893/82005070/82000270
印　　刷：北京中献拓方科技发展有限公司	经　　销：新华书店、各大网上书店及相关专业书店
开　　本：720mm×1000mm　1/16	印　　张：11.75
版　　次：2024 年 5 月第 1 版	印　　次：2024 年 5 月第 1 次印刷
字　　数：185 千字	定　　价：68.00 元

ISBN 978-7-5130-9259-3

本书由重庆市教育委员会人文社会科学研究项目 2023 年人文社科重点研究基地项目"新安全格局保障新发展格局下政府购买社会稳定风险评估服务平台与机制优化"（23SKJD042）、中国未来研究会 2022 年重点立项项目"社会稳定风险评估的专家资质标准研究"、重庆市政府人文社科重点研究基地——中国社会稳定与危机管理研究中心、重庆市"十四五"重点一级学科公共管理学科等经费资助。

目 录 CONTENTS

绪 论

政府购买社会稳定风险评估服务背景性分析

党的二十大报告指出推进国家安全体系和能力现代化，坚决维护国家安全和社会稳定，以新安全格局保障新发展格局（以下简称"新安全新发展格局"）。今天的安全与发展已不再是传统意义上的安全与发展，而是安全与发展科学并行又体现着鲜明新时代特点的安全与发展。新时代新征程，我国发展不能脱离安全，只有在新安全新发展格局背景下才能深刻把握政府购买社会稳定风险评估服务的意义。

一、理论性意义

党的十八大以来，以习近平同志为核心的党中央坚持和发展中国特色社会主义，将马克思主义基本理论与中国特色社会主义实践，以及中华优秀传统相结合，创造性提出了总体国家安全观，构建新安全新发展格局。坚定不移地贯彻总体国家安全观，健全国家安全体系，增强维护国家安全能力，提高公共安全治理水平，完善社会治理体系，这是新安全新发展格局的理论逻辑，它体现了新安全新发展格局构建要突出以人民安全为宗旨、以政治安全为根本、以经济安全为基础、以军事科技文化社会安全为保障、以促进国际安全为依托，统筹好传统安全和非传统安全、自身安全和共同安全、外部安全和内部安全、国土安全和国民安全等关系，这些思想进一步彰显马克思主义基本原理的新境界，深化了我们对国家安全工作规律性的认识，进一步优化和发展了马克思主义基本原理。

政治安全关乎国家长治久安、国家政权安危存亡和中华民族复兴大业，是有效维护好人民安全和国家利益的保障。党的十八大以来，以习近平同志为核心的党中央面对各种惊涛骇浪的风险和挑战，维护了国家政权安全、社会主义制度安全和意识形态安全，实现了党的长期执政、国家长治久安和人民安居乐业。目前，构建新安全新发展格局的政治保障就是必须深刻领悟"两个确立"的决定性意义，增强"四个意识"，坚定"四个自信"，做到"两个维护"，始终在思想上、政治上、行动上同以习近平同志为核心的党中央保持高度一致。

二、政治性意义

中国特色社会主义最本质的特征是中国共产党领导，中国特色社会主义制度的最大优势是中国共产党领导。坚持中国共产党的绝对领导是构建新安全新发展格局的根本保证。构建新安全新发展格局始终要突出党对国家安全工作的绝对领导，坚持党中央对国家安全工作的集中统一领导。这种领导主要体现在党始终总揽全局，党始终是领导核心，确保党的领导和社会主义制度，确保在构建新安全新发展格局实践中道路越来越宽广和办法越来越实用。

从国家治理体系和治理能力现代化视角看，政治安全是指一个国家主要由政权、政治制度与意识形态为要素组成静态的政治体系，以及由此形成相对处于没有危险与不受威胁的态势，应对风险和挑战时形成各种能力的综合，从而确保国家在良好政治秩序运行下的能力。维护国家政治安全集中表现为对外保持国家的主权独立和领土完整，对内坚持中国共产党的领导、人民民主专政、社会主义政治制度和社会政治秩序稳定，坚持马克思主义意识形态的主流价值思想。国家政治安全建设是国家战略发展的核心内容，国家政治安全将直接影响着经济安全、社会安全、文化安全和生态安全，关系到国家的长治久安和民族兴衰存亡。纵观百年党史和中华人民共和国成立 70 多年历程，中国共产党人始终高度重视国家政治安全建设，将政治安全建设作为经济社会发展工作的重中之重。新时代下的中国，国家政治安全是民族复兴的根基，维护国家政治安全就是为实现"两个一百年"的奋斗目标而创造良好的内外部环境与制度保障，营造和谐稳定的国内政治环境，确保经济社会健康和高质量发展。

三、实践性意义

国家安全体系和能力现代化是一种新型现代化治理模式，彰显了对人类社会治理的中国智慧、中国方案和中国力量。构建新安全新发展格局是中国式现代化的重要组成部分，它以人民安全为宗旨、以维护政治安全为核心、以统筹自身安全和共同发展为己任，以安全保发展，以发展促安全，实现新安全格局与新发展格局互促共进，实现国家安全体系和能力现代化相互促进，确保中华民族伟大复兴进程不被迟滞和中断，保障中国式现代化事业行稳致远。

改革有风险，这是由改革任务和环境决定的。从国家安全体系看，国家安全存在着外部安全和内部安全、国土安全和国民安全、传统安全和非传统安全、自身安全和共同安全的风险。这些风险只有通过深化改革，破解发展难题和化解各类安全风险，才能提高我国的抗风险能力，理顺经济社会发展中各种安全发展的关系，从而加快构建新安全新发展格局。当前，我国改革已进入深水区，改革相应到了新的阶段，要求我们必须进一步完善改革风险研判机制、改革决策风险评估机制、改革风险协同防控机制、改革与立法衔接机制，加快步伐建立改革的"免疫系统"，有效防范与规避各类风险，降低风险的影响。[①]

①　王国锋. 以改革防范化解风险　防范化解改革中的风险 [N]. 浙江日报，2019-04-29(001).

四、国际性意义

当前，我国已进入中华民族伟大复兴的关键阶段，我国发展处于大有作为的重要战略机遇期，但发展中不平衡、不充分的问题仍然存在；国际环境复杂多变，恐怖主义影响地区与全球的稳定；贸易保护主义与逆全球化抬头；境外反华势力猖獗，不断地向我国国内渗透；突发性的国际事件与灾害都是难以管控的风险因素。和平赤字、发展赤字、安全赤字、治理赤字、信任赤字加重，人类社会面临前所未有的挑战。构建新安全新发展格局可有效应对全球性系统性矛盾，推进全球安全治理的新进步，推动人类走向美好与光明的未来。

第一章
政府购买社会稳定风险评估服务的文献综述

从本质上看，政府购买社会稳定风险评估服务属于政府购买公共服务的重要范畴，又是政府治理和社会治理创新的重要表现。因此，有关政府购买社会稳定风险评估服务的文献综述将从政府购买公共服务和政府购买社会稳定风险评估服务两方面展开论述。

一、政府购买公共服务的研究综述

《中共中央关于全面深化改革若干重大问题的决定》指出，要进一步简政放权，推广政府购买公共服务，加大政府购买公共服务力度，凡属事务性管理服务，原则上都要引入竞争机制，通过合同、委托等方式向社会购买。实践证明，推行政府购买服务是创新公共服务提供方式，加快公共事业发展，激活社会有效需求的重要途径。同时，它对深化社会领域改革，推动政府职能转变，有效整合社会资源，增强公众参与意识，提高公共服务水平和效率，都具有重要意义。国家顶层制度进一步明确了政府购买公共服务的地位和作用，提出了政府购买公共服务体系建设的目标、任务和工作要求，为政府购买公共服务实践提供了坚实的法律制度保障。但是，有效推进政府购买公共服务实践并非易事，经济学、社会学和公共管理学学者通过研究发现，在实践中存在着系统性风险，如果不有效规避风险，政府购买公共服务将出现制度性和社会性危机。在此，笔者试图从综述目前政府购买公共服务中有关风险规制的重要研究成果出发，从整体管理视角分析政府购买公共服务的风险规制，由此形成一个新的研究框架和逻辑体系，以期为完善政府购买社会稳定风险研究提供帮助。本书认为，政府购买公共服务的风险规制研究分为三个层面，分别为决策层面研究、实践层面研究、监控层面研究。政府购买公共服务的风险在决策层面表现为价值观念冲突风险、法律制度供给性风险，可将其统称为认同性危机；政府购买公共服务的风险在实践层面表现为政府管理力不足的风险、市场机制不完全的风险、社会监督机制缺失的风险、寻租和腐败的风险，可将其统称为运行性危机；政府购买公共服务的风险在监控层面表现为宏观的制度监控的风险、中观的机制监控的风险、微观的管理监控的风险，可将其统称为多层面管制性危机。具体如图1-1所示。

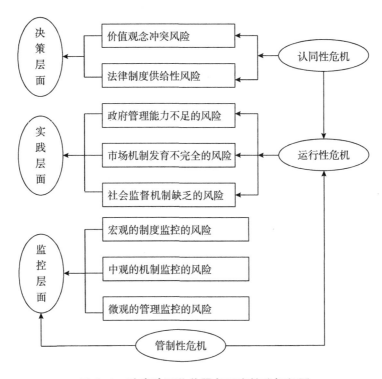

图1-1　政府购买公共服务研究综述框架图

（一）决策层面的认同性危机

一旦行为主体与某种理念、制度和机制不能一致性认同，就会产生认同危机，进而导致更深层次的制度、价值观念不相容和行为上的排斥。由此，可将认同性危机划分为价值取向危机和制度危机。根据目前的研究成果，可以把政府购买公共服务在决策层面的认同性危机归纳为价值观念冲突风险和法律制度供给性风险。

（1）价值观念冲突风险。良好的价值理念是政府购买公共服务实现的基础。在国外，先后出现了萨瓦斯的民营化理论、登哈特的新公共服务理论、奥斯特罗姆的多中心理论和萨拉蒙的第三方治理理论，这些经典理论为政府购买公共服务提供系统性理论和运行模式的指导。西方国家的政府购买公共服务实践较为成熟，出现了建设依赖型政府购买公共服务模式和合作伙伴型政府购买公共服务模式，在实践中衍生出市场化模式、社会化模式、混合模式和志愿者型模式。

从国内学者的研究成果看，学者们认为，有些公共部门的服务意识淡薄导致政府购买公共服务的机会和质量受阻，主要表现为公共部门对公共服务体系持模糊和错误的观念，将公共服务生产、供给、监督和评估混为一谈，产生了认知上的惯性和偏差。在这种模糊、错误的偏差和惯性思维的影响下，每当社会需要新的公共服务时，政府就会采取增加机构、扩充编制、聘请人员和追加经费开支等传统的行政管理手段，导致政府难以提供满足社会需求的公共服务，行政绩效目标难以实现，政府形象受损。传统的管制型治理理念有一定的时代性，同时有些公共部门服务意识淡薄还表现为一定的错误倾向。这些公共部门服务意识淡薄，购买公共服务流于形式，甚至存在将政府购买公共服务看成政府减负的好办法，难以接受社会和专业性监督，造成无法提供高质量的公共服务①。一些学者还注意到，某些来自社会层面的错误价值观念对政府购买公共服务会产生不利影响，有些人错觉认为，社会组织运

---

① 唐海歌. 我国政府购买公共服务存在的问题及其防范［J］. 中共郑州市委党校学报，2013（6）：61-63.

转所需资源大多是靠内部筹集，而非靠政府财政投入和市场融资。[①] 观念认知偏差也反映在一些普通民众之中，这些民众质疑政府养着一大批人，很多事情政府自己做了就行，为什么要花大量的财政资金来购买社会组织服务[②]。

（2）法律制度供给性风险。法律制度供给是政府有效进行购买公共服务的制度保障，良性的法律制度体系能提高政府购买公共服务的稳定性、公平性和透明度。反之，当制度供给缺少或不完善时，政府就会谨慎投入财政资金购买公共服务，因为那样做有可能导致整个社会资源配置更为混乱，社会腐败现象将更加严重。

20 世纪 70 年代中期，西方国家就开始出现"政府失灵"的理论与实践，这反映在政府购买公共服务中存在着突出性"需求方缺乏"与"供给方缺陷"问题。由于政府在对社会组织管理中回应派生性制度存在设计缺失，西方国家就开始寻求重视政府购买公共服务的制度法律设计。英格兰和威尔士慈善委员会制定了《关于审计的建议实践声明》，声明规定第三部门与政府合作提供非营利服务的过程中将起到建设性和服务性作用。德国福利组织参与国家决策和法律的制定过程中，所有涉及社会服务的问题，福利组织必须咨询政府意见。世界各国特别重视政府购买公共服务的法律制度设计，如英国的《政府购买的资金和流程》、澳大利亚的《财政责任法》和《联邦服务提供机构法》、美国的《联邦采购条例》和《公共合同法》等。

从国内学者的研究成果看，学者们普遍认为，我国政府购买公共服务法律制度存在着一些制度不协调、制度和法律有漏洞的问题，这些会导致政府购买公共服务的行为受到制约。在我国现行的法律体系中，主要有《中华人民共和国政府采购法》《中华人民共和国招标投标法》和《国务院办公厅关于政府向社会力量购买服务的指导意见》等法律法规，但很多法律制度难以清晰明确购买范围与领域，购买的客体也很少涉及社会组织和第三方，政府购买公共服务的范围、主体、客体、形式、监督机制、救济机制等尚未完全

---

① 许小玲，张庆梅. 国家治理视域下社会组织参与思想政治工作：优势、特点与路径［J］. 合肥工业大学学报（社会科学版），2023（4）：103-109.

② 梅海华，王亚楠，李斌. 政府购买农村社区教育服务项目制的理论思考与实践探索［J］. 中国职业技术教育，2020（27）：12-18.

制度化和规范化，缺乏有效的制度保障。从法律体系来看，我国政府购买公共服务的法律制度较为单一，虽然相继出台了一些地方性的政策法规，如《2011 年政府购买社会组织服务项目指南》（北京）、《省级政府向社会组织购买服务目录》（广东）（2022 年）、《关于社会组织承接政府购买（新增）公共服务项目资源的规定》（上海）（2016 年），但是一些行政法规或条例缺少实际指导性和可操作性，其制定的考核评估办法缺乏科学性、合理性①；从法律制度内容看，政府购买公共服务的法律制度内容的规范化程度不高，有些政府部门选定的一些代理商（大多为非营利组织）多是基于非制度化的熟人关系介绍或"内部化"产生的，有时候购买双方未商议购买产品细目和技术标准，存在合同外包的界定不清，概念较为模糊，难以实现发挥服务外包从管理到运营和从专业化到个体化的模式②。

（二）实践层面的运行性危机

政府购买公共服务实践运行主要是通过现行政策设计与制度安排引导和发挥好市场作用，将政府向社会公众提供的公共服务依据特定方式和程序，交由具备资质的社会力量承担，政府根据其提供服务的数量和质量支付相应费用的行为。政府购买公共服务的运行必须处理好政府与市场、政府与社会的关系，才能形成有效三位一体的良性互动关系。从当前的研究成果看，我国政府购买公共服务的风险主要在于政府层面、市场层面和社会层面的运行性危机。

（1）政府管理能力不足的风险。政府缺乏提升公共服务水平的动力与有效机制，政府管理主要依赖于权力机制，而非有效借鉴市场机制和社会机制。首先，当政府评价与工作绩效关联度不高时，政府就会失去改善服务与管理变革的动机与投入③。其次，政府在公共服务外包等具体项目管理中缺乏项目决策能力，购买公共服务往往会引发决策风险，缺乏合同制订与合同执行能

---

① 毛明明. 政府购买公共服务关系契约风险的生成、识别及防范 [J]. 深圳大学学报（人文社会科学版），2023，40（4）：97-106.

② 刘舒杨，王浦劬. 政府购买公共服务中的风险与防范 [J]. 四川大学学报（哲学社会科学版），2016（5）：5-13.

③ 焦述英. 关于政府购买公共服务的探讨 [J]. 行政与法，2010（5）：68-71.

力，时常引发代理商风险、管理失控风险，缺乏评价能力，容易引发质量风险、公平性缺失风险等问题。例如，一些地方政府根据当地农村公共需求的实际状况而签订短期的公共服务，很难形成农村公共服务供给的长效机制，政府也不可能有积极性和主动性去作出长远规划①。最后，在公共服务实践中，政府难以实现真正放权，政府对社会组织管理仍然存在很多直接或间接的干预，影响了福利体制改革与服务对象所获得的服务质量水平提升的进度，又严重制约了非营利组织的良性发展②。总之，政府购买公共服务能力欠缺，购买公共服务范围仍然非常有限，主要在养老、社会服务领域进行部分性承接活动，而在公共卫生、教育、文化等民生急需的公共服务领域鲜见有政府购买公共服务。

（2）市场机制发育不完全的风险。政府购买公共服务需要充足的资源，我国市场化机制运行中还存在着发育不完全、政府直接或间接干预、外部市场环境发育不良等风险，导致政府购买公共服务市场化、社会化水平不高。首先，不充分的市场竞争和公共服务购买竞争性不足会带来机会主义、低效和垄断等风险。一些学者对一些地方政府购买居家养老服务模式进行了系统性研究，典型代表有宁波海曙模式、南京鼓楼模式和苏州沧浪模式，非竞争性的政府委托经营是我国地方政府采用的主导模式，这些模式虽有成效，但社会溢出效应并不高，受制于财政支出和受益对象等因素，此类模式适应性不高③。其次，社会组织发育不充分，服务能力较为有限。社会组织是基层公共服务的重要载体，但目前有能力承接公共服务、专业化服务的社会组织较少，社会组织参与社区治理的动力与能力不突出，多为被动地响应政府动员或进行强制性行动④。究其原因，主要包括：①我国社会组织整体规模小，筹资难，人才匮乏，能力不强，整体的社会公共服务能力普遍不强，不具备全

① 陶振. 政务服务"一网通办"何以可能？——以上海为例 [J]. 兰州学刊，2019（11）：121-133.

② 王冠. 政府购买服务的三元关系探讨 [J]. 山西师大学报（社会科学版），2011（6）：55-58.

③ 张国平，韦芳. 政府购买居家养老服务的满意度及老年人支持影响因素研究 [J]. 现代经济探讨，2021（10）：41-48.

④ 陈奇星. 完善基层政府公共服务外包的思考：基于上海市的研究 [J]. 中国行政管理，2012（11）：77-79.

面有效承担公共服务的能力，不能完全满足经济社会发展需要；②政府购买公共服务存在一定的私人垄断与机会主义现象，在公共服务委托外包的实践中，政府在寻找公共服务的承接方时，往往会没有足够的具备公共服务供给所要求的技术能力和资金支持的私人部门可以选择，导致市场出现少数私人部门垄断的现象，竞争性公共服务缺失会带来服务成本增加与浪费；③资金渠道的瓶颈大大制约了政府购买公共服务的实现。现行的公共财政体制有颇多掣肘，政府对计划购买的服务类别很难预先核算，这就大大制约了政府购买公共服务①。

（3）社会监督机制缺乏的风险。在政府购买公共服务实践中，主要表现为在购买目录和买卖双方层面存在责任机制和权力监督机制有些方面缺失，未能有效构建起责任分担机制和权力监督机制。首先，监管制度不完善，《中华人民共和国政府采购法》对政府购买服务作出一些监管规定和细则要求，但对监管方式、内容与原则有些方面缺少明确的规定，实践操作性不强②；其次，审计监督体系不健全，政府既是合同的签订者又是合同执行的监督者，这一双重身份使得政府自动检查的有效保障机制不容易发挥作用，难以形成可以对政府购买公共服务的内部和专业性监督审计机制，在实际操作中，公共服务的成本、价格和质量难以量化和计算出来，同时，政府在评估承包方服务时多采用传统的行政管理模式，如不定期检查、研讨与咨询会等，因此没有形成一套可以保证服务质量和对所购买的服务进行有效监督和科学评估的方法；最后，监督主体合力不足，第三方评估组织发展不畅，其独立性、专业性和科学性不足，加之社会公众监督渠道不畅通，有关政府购买公共服务监督文化难以有效形成③。

---

① 郑旭辉．政府公共服务委托外包的风险及其规制［J］．中南大学学报（社会科学版），2013（3）：63-70．

② 邰鹏峰．政府购买公共服务的评估困境破解——基于内地评估实践的研究［J］．学习与实践，2013（8）：108-114．

③ 唐海歌．我国政府购买公共服务存在的问题及其防范［J］．中共郑州市委党校学报，2013（6）：61-62．

（三）监控层面的管制性危机

我国学者普遍认为，制度、非正式制度和第三方对政府购买公共服务会产生不同层次的影响，即我国的历史脉络与文化、现行政府购买公共服务的相关政策与法律、社会和市场的结构、治理机制和政策工具都会对政府购买公共服务体系产生不同的正向效应和负向影响。因而不断提高和构建政府购买公共服务的宏观、中观和微观监控能力和体系是防范和化解政府购买公共服务风险的主要方向。

（1）宏观的制度监控。首先，制定系列规范性和统一性的政府购买公共服务的法律政策尤为重要。目前，只有《中华人民共和国政府采购法》和一些普适性的合同法及规范性文件，而专门针对政府购买公共服务的制度较少。急需修改《中华人民共和国政府采购法》，可根据公共服务性质明确购买范围、购买程序、监督机制、救济机制和绩效评估等，明确政府购买社会组织公共服务的项目范围、工作职责、工作程序、社会组织的资质和购买方式①。其次，根据综合性政策要求出台实施细则或配套政策，以实现相关法律法规的统一，需要制定《政府购买社会组织公益服务项目考核管理办法》和《政府购买社会组织公共服务合同文本》等配套性制度规范②。最后，构建多元化的政府购买公共服务供给的主体体系，关键在于以制度支持社会组织和第三部门提供公共服务，进行分类改革措施，促使现有的社区群众性组织成为从事社区建设的独立法人③。

（2）中观的机制监控。现有研究成果认为，政府购买公共服务在于理顺政府购买公共服务中的"谁去做、为谁去做、做到什么程度或何种水平、怎样付费"等关系，其中关键在于合理定位政府角色，需要通过优化政府权力和管理等机制，来化解政府购买公共服务的风险。首先，要规范好不同层级尤其是中央和地方政府在购买公共服务中的职责，这看似是公共产品划分的

---

① 刘舒杨，王浦劬. 政府购买公共服务中的风险与防范 [J]. 四川大学学报（哲学社会科学版），2016 (5)：5-13.

② 王锴，林闽钢. 合同治理：提升政府购买社会服务效能的新路径 [J]. 中国行政管理，2023 (5)：83-90.

③ 陈冲. 公共服务质量评价与公民参与 [J]. 合作经济与科技，2017 (9)：171-172.

问题，实质上是中央和地方政府权力划分的合理定位。从制度设计看，中央政府的购买范围集中于全国性质的公共服务，地方政府可根据需要确定地方购买公共服务的种类、数量，对地方公共服务的生产者实施监督，要完善公共财政支付机制，建立均衡性公共服务供给机制，可调整财政支出结构，增加政府财政投入，拓宽基本公共服务投资渠道，完善政府贴息、以奖代补、信用担保等制度①。其次，不断进行管理模式创新。宁波海曙区模式、南京鼓楼区模式、苏州沧浪区模式等在政府购买公共服务供给实践中较好实现了竞争性购买、非竞争性购买和合同性购买等优势模式的结合。最后，要形成政府购买公共服务的监督体系，完善审计监督、专门监督和程序监督。政府的角色定位既是"制度供给者"和"购买者"，又是有效的"监管者"②。

现有成果对中观的机制监控研究并没有局限于中观层面，因为任何制度和机制都会敏感性触发市场和社会感知效应从而出现不同层面的结果，由此市场和社会影响下形成的政府购买公共服务机制就有着不同的表现。因此，学者们主要对政府购买公共服务形成的相对方的市场和社会组织发展进行差异性研究。基于市场分析要积极构建良好的竞争机制，鼓励社区提供公共服务，发展好专职、兼职或志愿的社区公共服务主体，推进政府公共服务外包市场的健康成长，要完善竞争机制和培育壮大公益服务主体，要大力培育新型社会组织，凡是具备承担农村公益性服务资格和能力的公益性服务组织、事业单位、企业和个人等各类主体皆可作为服务主体③；基于社会层面分析要提高专业化水平，提升承接社会服务的能力，增强社会影响和社会资源筹集能力，加强社会公信力建设，提升社会组织的内部管理能力，创新社会组织监管体制与运行机制④。

（3）微观的管理监控。学者们从公共服务外包的管理角度进行研究。首

---

① 伍玉振. 政府购买公共服务价值导向的偏离与回归——基于公共价值管理的视角 [J]. 行政与法，2010（1）：49-59.

② 李刚. 我国基本公共服务发展的新特点与新方向 [J]. 中国经贸导刊，2023（6）：91-93.

③ 陶振. 重大突发事件下民生服务的合作生产何以实现？——以 S 市社区团购为例 [J]. 中国行政管理，2022（11）：108-117.

④ 邰鹏峰. 政府购买公共服务的评估困境破解——基于内地评估实践的研究 [J]. 学习与实践，2013（8）：103-114.

先，要清晰政府购买公共服务外包的范围，须合理界定政府公共服务外包的范围，以实现外部效用。公开招标应进行可以评估量化且具备市场化运作条件的项目管理，通过社会公开招标形式使社会组织（包括企业）通过竞争来获得公共服务的提供权，采取开放式招标、选择性招标和合同谈判等多种形式。其次，要规范购买合同的细则，应尽可能详尽且避免过度的限制，合同细则可留有变更余地和调适空间，以便应对契约关系履行中出现的突发情况。再次，要建立公共服务委托外包的程序控制机制，设置一套公平、公正和科学的程序规则，规避各种风险尤其是权力寻租和腐败行为，这类程序性规则制定应遵循信息公开和公众参与原则[①]。最后，建立起多元多层次的监督评价机制，实现内部监督和外部监督有机结合，重视独立、专业和客观的外部监督机制。独立的第三方监督机构包括各类会计师事务所、法律事务所、审计事务所和专业调查公司，也包括社会公众监督和新闻媒体监督，都应该在法律上保障各监督方的地位，还可以借鉴国外有效的监督机制，包括德国的公共信息发布的畅通平台运行机制和美国的顾客导向绩效评估机制[②]。

二、政府购买公共服务研究成果的评述与展望

从以上研究成果看，学术界有关政府购买公共服务的研究成果还在不断探索与发展之中，不同研究视角和不同分析框架得出的研究结论不尽一致，相关理论对实践运行的指导性尚需完善，一定程度上阻碍了政府购买公共服务的理论探析和实践推进。

目前，有关政府购买公共服务风险的研究缺乏系统化与体系化挖掘，多数学术成果侧重宏观和一般性研究，热衷于从法规、政府和市场等角度进行风险分析，但忽视了对政府在购买公共服务过程中的受益对象尤其是公众的满意度的研究。如果政府提供公共服务不突出，以忽视公众需要为价值导向，

---

① 郑旭辉. 政府公共服务委托外包的风险及其规制 [J]. 中南大学学报（社会科学版），2013（3）：63-70.
② 曹吉锋. 公共法律服务范畴中政府购买服务政策与实践 [J]. 陕西行政学院学报，2018（11）：29-30.

本质上还是归属传统的以"产出"为导向的公共服务模式，很容易导致政府购买服务体制机制难以理顺，地方政府盲目跟风，浪费资源和降低政府公信力。让社会公众享受到更为多元化、优质化的公共服务就应当尊重民众的意愿，进行以"需求"为价值导向的公共服务模式研究，这是政府购买公共服务未来的研究重点。

基于学科视角，有关政府购买公共服务的研究更应充分明晰政府与市场、政府与社会的关系。目前研究比较趋同从政府、法律、制度、责任和监管等角度去分析风险，我国现行法律制度包括《中华人民共和国刑法》《中华人民共和国采购法》《中华人民共和国招标投标法》和《国务院办公厅关于政府向社会力量购买服务的指导意见》等，都明确了政府购买公共服务的范围、模式、程序、监督、责任、救济等事项，政府购买公共服务的风险主要来自不完善的市场体系和缺乏培育的制度环境。无论政府购买公共服务的风险还是法律规制，都应基于市场角度进行深入分析。从社会环境看，若缺乏有效培育社会组织发展的社会土壤，则难以有效提供高效的公共服务。因此，大力发展社会组织至少应成为发展政府购买服务的前提或同步进行，这是政府购买公共服务研究的聚焦点与难点。

有关政府购买公共服务实证研究缺乏比较性研究，我国不同地区和政府部门的具体情况不尽相同，政府购买公共服务的实践差异性很大，政府购买公共服务在某些地区和部门可能成功，而在其他一些地区和部门难以进行，甚至完全失败。政府购买公共服务起源于上海、广东、江苏、浙江、山东等发达地区，学者们对此进行了众多的实证研究，总结出了竞争模式、协商模式和合作模式等。学者们在对河北、四川、福建等省份的实证研究中又发现竞争模式和协商模式的适用性并不是特别好，这充分说明了经济社会发展水平、政府权力配置和政府能力差异会导致政府在购买公共服务行为中有不同的表现。因此，在未来政府购买公共服务研究中更要进行地区、分部门对比研究。

三、政府购买社会稳定风险评估服务的研究综述

综观国内研究成果，政府购买社会稳定风险评估服务的研究重点包括社会

稳定风险评估源起研究、社会稳定风险评估理论基础研究、社会稳定风险评估制度框架研究、社会稳定风险评估案例研究和社会稳定风险评估问题导向与现实对策研究等几个方面，这些研究成果极大丰富了社会稳定风险评估研究框架。

（一）社会稳定风险第三方评估的理论源起性研究

（1）风险评估研究。这主要是对某一事项所产生风险进行评价与估量，判断风险程度和大小，以及采取有效措施进行有效预防与化解。风险评估是为实现风险管理控制、保障公共利益，确保待评估政策、事项和项目的有效评审与推进。评估机构或主体通过定性、定量分析方法，对可能存在、产生的风险源和影响因素进行精准排查与识别，结合风险特性和关联性，充分利用数据分析和案例参考等分析方法，精准判断社会风险产生的可能性、范围、程度和等级，据此提出应对和化解措施，规避风险发生与维护社会稳定①。朱德米从整体性视角论证了社会稳定风险评估的社会理论图景，认为开展重大决策社会稳定风险评估的关键在于找出引爆社会问题的风险源，制定并形成风险识别机制，从而填补政策失误的缝隙。

（2）社会稳定风险评估研究。社会稳定风险评估又称为重大事项社会稳定风险评估，是对社会稳定可能产生影响的重大事项进行风险评估的活动②。对重大事项的界定较有难度，《重大行政决策程序暂行条例》中较为权威的规定是：重大事项主要是指涉及广泛易造成社会稳定的与公众利益密切相关的问题，具体包括征地拆迁、社会保障、环境诉求、国企和单位改革等重要领域的事项，党政部门在作出决策之前都要开展社会稳定风险评估③。

（3）社会稳定风险第三方评估组织研究。对此问题的研究成果甚少，基本处于初探时期，研究普遍认为，将引入第三方参与社会稳定风险评估视为政府购买公共服务的一种行为。社会稳定风险第三方评估是指政府以购买或半购买方式，让具有评估资格和能力的第三方机构在重大决策出台或实施前

---

① 金妍. 社会稳定风险评估机制构建不足及优化策略 [D]. 南昌：南昌大学，2018.
② 王丽媛. 重大政策社会稳定风险评估多元主体参与研究 [D]. 太原：山西大学，2019.
③ 李思斯. 民办学校分类管理政策社会稳定风险评估框架研究——基于政策生命周期理论 [J]. 兵团教育学院学报，2018（5）：46-50.

对重大事项进行风险评估①。有学者认为，政府购买第三方社会稳定风险评估服务属政府服务中的内部辅助性补充性工作，政府购买社会稳定风险评估服务就是政府基于市场竞争体系，将原先由自己承担的社会稳定风险评估工作转交给政府、项目单位之外的社会稳定风险评估组织来承担，这不仅提高了评估的效率，还可以极大提升政府公信力②。另外一些学者认为，第三方组织属于政府服务的外部性体系，引入第三方组织可以改变政府既是运动员又是裁判员的困境，可以有效监督政府和公共服务提供方，纠正政府失灵和社会稳定风险评估失灵③。

（二）社会稳定风险第三方评估的重要性研究

随着我国第三方参与社会稳定风险评估实践的持续深入，学者们围绕第三方参与的重要性和必要性进行了研究。张乐和童星在对重大决策社会稳定风险评估面临的问题进行深入研究时提出，完善重大决策社会稳定风险评估应有效运用第三方介入机制。传统政府在社会稳定风险评估中承担运动员和裁判员角色，在利益和权力导向下会忽视社会诉求，有可能损害社会公众利益，第三方参与社会稳定风险评估有着专业性、技术性和社会性优势，有利于确保评估程序的专业性、评估结果的有效性和推进政府决策的科学性④。第三方参与社会稳定风险评估应作为一种主导性评估模式来平衡政府与市场、政府与社会的关系，以利于社会稳定风险评估机构的独立成长，促进社会稳定风险评估过程的民主化，以及提升社会稳定风险评估结果的科学性⑤。

---

① 李昶. 重大事项社会稳定风险评估中的第三方参与研究 [D]. 徐州：中国矿业大学，2018.

② 朱正威，石佳，吴佳，等. 社会稳定风险第三方评估：实践进展，现实障碍与优化策略 [J]. 江苏行政学院学报，2017 (4)：96-103.

③ 葛蕾蕾，韩依依. 国内第三方评估的现状、特点及优化路径——基于二维视角的案例研究 [J]. 行政管理改革，2019 (11)：77-84.

④ 苏娜. 重大事项社会稳定风险评估中的"多元主体评估"模式研究 [J]. 未来与发展，2012 (7)：20-24.

⑤ 张玉磊. 重大事项社会稳定风险评估中的第三方参与：意义、困境与对策 [J]. 内蒙古社会科学，2014 (1)：167-172.

（三）政府购买社会稳定风险评估的机制性研究

在社会稳定风险评估实践中，积极引入第三方，使其作为多元化评估主体广泛参与社会稳定风险评估成为重要模式。另外，应清楚看到，我国第三方参与社会稳定风险评估的时间不长，还存在着政策、体制、机制和技术性问题，这就会极大影响第三方参与社会稳定风险评估的效果。因此，学术界主要从政府、市场和社会层面分别阐述阻碍政府购买社会稳定风险评估机制运行中的突出问题和困境。

（1）政府购买社会稳定风险评估服务机制中的政府要素研究。该研究主要是从政府理念、制度设计、监督机制和信息机制等角度进行研究。从认知理念看，在社会稳定风险评估实践中，认知理念上的困惑严重束缚着评估的有效开展，而其在法律效力方面的缺失又会进一步造成规范性、实践性以及权威性制度保障的弱化。邹东升等学者认为，一些地方领导或政府工作人员的价值观念或者为了追求个人利益往往会对社会稳定风险评估活动进行干预，致使社会稳定风险评估的制度权威弱化，部门本位观念、复杂的权益关系都会束缚社会稳定风险评估制度层面的实质性扩散①；从制度设计看，有些政府部门内部自闭性阻滞了第三方有效介入，第三方的合法性程度不高，难以构成稳定的制度输出①；从责任机制看，对参与社会稳定风险评估的各主体之间的权责分配是否明确是进行社会稳定风险评估的关键影响要素。如果主体责任模糊，一旦出现评估不客观或者失误，则难以精准确定和追溯单个责任主体②；对于监督机制，由于对第三方机构开展社会稳定风险评估调查的过程在一定程度上缺乏监督机制，会导致社会稳定风险评估工作的客观与专业程度打折扣。

（2）政府购买社会稳定风险评估服务机制中的市场要素研究。学者们主要围绕市场竞争环境中的行业自律、第三方能力、内部市场机制等方面进行研究。从行业自律研究角度看，在相关法律政策较为缺乏或执行效力失灵的情形下，行业自律尤为重要，应在坚持行业自律的前提下积极发挥指导规范、

---

① 张玉磊. 重大事项社会稳定风险评估中的第三方参与：意义、困境与对策 [J]. 内蒙古社会科学, 2014 (1)：167-172.

② 徐钝. 重大决策社会稳定风险第三方评估模式之建构理 [J]. 行政与法, 2018 (5)：15-21.

培训提升和监督约束作用，进而推动整个社会稳定风险评估事业进一步发展；邹东升等学者认为，从第三方能力看，即便是专门的社会稳定风险评估公司，内部组成人员也呈现出专业人员数量少、综合职业水平低、职业流动性大等缺点，使得第三方参与社会稳定风险评估的独立性、专业性低下和社会影响力有限；从内部市场机制看，第三方机构面临着内部建设混乱，评估不规范、不客观，内部管理缺乏有效激励机制，长效发展机制缺失等困境①。

（3）政府购买社会稳定风险评估服务机制中的社会要素研究。学者们主要从利益相关者维度对社会公众参与热情、参与素质、参与渠道等要素进行研究。从社会公众参与社会稳定风险评估的问题看，社会公众对风险评估机制的内容与程序制订参与度不高，参与意识和参与权利意识不强，甚至对社会稳定风险评估的公信力缺乏足够的信任，整体的社会认可度不高②。从社会公众参与社会稳定风险评估的制度看，应提升社会公众参与素质，主动接受社会各界的意见与监督，推进评估公开与投诉机制建设，实现公正与公开，保障社会稳定风险评估过程的公正透明性。从社会公众参与社会稳定风险评估的渠道看，社会公众参与是化解重大决策社会稳定风险的有力保障，可通过报刊、网络、调查问卷和访谈等渠道向社会公开征求广泛性的意见，收集民意，汇集民情，以便更好地进行社会稳定风险评估，社会公众在政府购买服务过程中的参与情况是相关方建立良性互动关系的关键，也决定着第三方所供给的服务质量的所在③。

（4）政府购买社会稳定风险评估服务的实践运行研究。学者们主要围绕参与主体通过运行协同机制与政府购买社会稳定风险评估服务的实践关系进行研究，其中主要在于理清"向谁买""怎么买""如何管"和"谁负责"等问题。"向谁买"是指确定政府购买社会稳定风险评估服务的是具有独立法人资格并受到政府部门委托的承接主体。"怎么买"即按照何种方式购买，主要

① 赵春燕. 第三方参与社会稳定风险评估机制的意义及障碍——以北京市大兴区永泰风险评估服务中心为例 [J]. 中国工程咨询, 2017 (1)：21-23.
② 李文姣. 第三方介入重大决策社会稳定风险评估的困境与机制建设 [J]. 学习论坛, 2020 (4)：82-87.
③ 徐双敏, 崔丹丹. 完善社会组织第三方评估工作机制研究——基于 5 市调查数据的分析 [J]. 中南财经政法大学学报, 2016 (6)：52-57.

包含第三方机构的选择方式以及购买社会稳定风险评估服务的付费机制等，这一系列内容最终通过签订合同或契约的形式确定。"如何管"是政府购买社会稳定风险评估服务的监督与评价活动，有效社会稳定风险评估监督体系是多元主体参与且能形成有效制约的关系。"谁负责"主要涉及购买社会稳定风险评估服务的责任追究，其中最重要的是清晰界定各参与主体的权利关系和责任边界，以便于当社会稳定风险评估工作出现失误时可以精准追究责任，保证参与主体能够客观进行社会稳定风险评估工作①。

四、政府购买社会稳定风险评估服务研究成果的述评与展望

政府购买社会稳定风险评估服务作为我国政府治理和社会治理的制度创新，因其卓越的实效性和现实的重要性迅速由地方实践上升为国家的顶层制度设计，最终为政策和法律所确认。进入新时代，各级政府在实施重大决策时，对社会稳定风险评估服务的需求不断增加，这就给政府购买社会稳定风险评估服务研究提供了广阔的空间和机会。基于目前的研究成果，有关社会稳定风险评估的研究较多，有关政府购买公共服务的文献也丰富，但专门有关政府购买社会稳定风险评估服务的研究少之又少。对政府购买社会稳定风险评估服务平台和治理机制的研究则更少。基于此，本书以新安全格局保障新发展格局为宏大背景，以政府购买社会稳定风险评估服务的平台和管理机制为视角，基于制度设计、政策安排、专业化、第三方机构和社会层面等重点分析维度，又依托有效个案进行比较研究和演绎分析，深入分析政府购买社会稳定风险评估服务和机制中的各类影响因素，有针对性地提出政府购买社会稳定风险评估服务平台规范化构建的精准施策机制，旨在实现政府购买社会稳定风险评估服务的质量更高与服务更高效。

---

① 王茹佳. 政府购买社会稳定风险评估服务的管理机制研究 [D]. 杭州：浙江财经大学，2020.

第二章

核心概念和理论界定

在社会治理体系和治理能力现代化实践中解决各类矛盾与风险尤为重要，社会稳定风险评估作为有效的风险检测机制与预防机制，通过政府购买社会稳定风险评估服务可以推进决策的客观性、专业性和法治性。各地政府购买社会稳定风险评估服务引起了学术界与实践界的较高关注。虽然对其尚未形成统一明确的理论分析框架，但社会治理、政府治理等理论研究获得了较大的认可。

一、核心概念

（一）政府购买公共服务

（1）从现有研究成果看，对政府购买公共服务的理解有两种，一种将其界定为为了提升政府社会服务职责的要求，与营利、非营利机构（居民）或政府其他部门订立契约，由政府规定服务的品种及质量，向被委托者付费以购买合适的公共服务，进而实现政府财政效力最优的政府行为。[①] 另一种认为，政府购买公共服务是政府部门将本应属于自身职能范畴且与人民群众生活密切相关的公共服务，通过一定方式转交给有资质的社会机构，政府依据一定标准对提供服务的社会机构付费的新型公共服务模式。从《政府购买服务管理办法》（2020）的内容看，政府购买服务是指各级党政部门将本属于自身职责范围内的事务，采用市场化手段提供的公共服务，依据政府的采购程序或方式，交由市场中具有资质且能力优质的机构来承担，最后按照其所提供的服务数量与质量等向承接主体付费的政府行为。

（2）从上述研究成果与政策内容看，政府购买公共服务应包括几个核心要素，购买公共服务的主体主要是政府部门，承接服务的主体主要是社会组织、第三方、非营利组织和营利组织，购买方式为合同外包、直接资助制、公私合营和项目申请制等，权责关系主要是承接主体负责服务的生产和提供，政府部门根据合同约定进行公共服务供给的监管，按照一定标准支付相关费用。据此，可将政府购买公共服务定义为以市场化、社会化和专业化为价值导向，政府部门把原先由自身提供的公共服务，按照合同约定通过付费方式交由具备资质且服务能力突出的社会组织或机构提供公共服务的新型公共服务模式。

（二）重大决策

从目前的研究看，对重大决策的研究主要包括两种情况：一是对重大决策涵盖的范围直接进行描述；二是以程序性规定间接界定重大决策。重大决策是高度归纳且不抽象的名词，对其进行明确解释较为困难，必须从政府决策的概念入手，才能准确理解和把握重大决策的主要特性及形成过程，这是学术领域明确"重大决策"内容的关键与前提条件[②]。

基于决策构成的要素，我们需从四个角度理解重大决策的内涵与外延：

---

① 虞维华. 政府购买公共服务对非营利组织的冲击分析 [J]. 中共南京市委党校南京市行政学院学报，2006（4）：46-51.

② 高蓓. 社会稳定风险评估机制研究——基于公安机关重大决策的视角 [D]. 北京：中国人民大学，2018.

第一，重大决策的主体是有法定权力的政府机关做出决策的一种政府行政行为，体现着国家意志和利益，具有严明的权威性；第二，重大决策是政府职能的组成部分，一旦决策形成对所有行政客体具有严格的约束力；第三，重大决策影响面大而影响持久深远，其决策过程并不是一蹴而就的，需要经历严密的调研、论证、分析、抉择和实施等活动过程；第四，重大决策涉及的对象极为丰富，既包括政治、经济、文化和社会公共事务等，又包括政府自身内部行政事务和行政改革等。从决策的一般性特征看，重大决策具有如下特征。第一，全局性与根本性。全局性主要说明重大决策关乎整个国家治理和经济社会发展大局。根本性主要说明重大决策的影响和地位比一般政策要强，具有全局指导性价值。第二，公共性。公共性是公共管理活动的本质属性，又是重大决策的根本要求，重大决策必须以公共利益和人民福利为价值取向，最大限度实现和保护广大群众和社会基本权益是其根本要求。第三，层级性。重大决策权力的层级性主要来源于法律赋予各类行政部门和行政人员不同的行政权力，不同层级的行政机关拥有重大决策事项的权力不尽相同。一般而言，行政级别越高，其拥有越高级别宏观层面的重大事项决策权。第四，重大的影响性。重大决策做出后就会在社会实践中产生深远和重大的影响，影响可能是有利的或不利的，这就要求重大决策需要慎重、科学、民主和理性。

综上所述，基于内涵与外延角度，重大决策可界定为各级党委、政府及有关部门为实现特定目标，依据有关法律法规和相应的程序所做出的与人民群众利益密切相关的，对一定地域或领域内的经济、政治、社会文明及全社会和谐稳定等可能产生重大影响的行政决策[①]。

（三）风险

有关风险的定义一直众说纷纭。狭义上，风险的解释为危险，遭受损失、伤害、不利或毁灭的可能性。一种说法认为，风险是一种导致社会冲突，危

---

① 高蓓. 社会稳定风险评估机制研究——基于公安机关重大决策的视角［D］. 北京：中国人民大学，2018.

及社会稳定和社会秩序的可能性，更直接地说，社会风险意味着有爆发社会危机的可能性。一旦可能性变成了现实性，社会风险就转变成了社会危机，对社会稳定和社会秩序都会造成灾难性的影响。

一般意义上，风险是指对个人、集体或者人类社会有可能带来危害的后果的不定性①；风险与不定性的区别在于能否确定发生的概率：风险状态是指人们对未来进行了概率性预测，而不确定性是对未来状态的完全无知②。据此，风险最典型的定义为影响未来事件发生的可能性及后果的某种不确定性，也可用函数表示为事件发生的概率与后果乘积的可能性。风险的本质是不确定性，只要具有不确定性，就会存在风险。实际上，任何事情和行为都有发生意外的可能，也都存在风险。

（四）社会稳定风险

人类社会是由经济、政治、社会、文化等许多内容组成的发展体系，社会稳定包括政治环境稳定、社会秩序稳定、经济发展稳定和思想状态稳定等内容。从广义上来说，社会稳定风险是指社会运行处于有条不紊地动态平衡状态被打破的可能性。狭义上来说，社会稳定风险指的是因为存在不均衡的利益分配、较大的贫富差距、严重的生态环境破坏等现象，使得社会冲突发生，并对社会秩序、社会稳定造成威胁③。社会稳定风险主要是指一个由政治环境稳定、社会秩序稳定、经济发展稳定和思想状态稳定四要素组成的社会体系，其中隐含的某些危机会引发其他风险。社会稳定风险生成机制主要是由于利益相关者基于经济人角色假设认为自身利益受损或没有得到满足，对政府决策事项或重大事项决策的不认同和不支持，对决策事项不满意、不支持，进而导致散布谣言，煽动对政府不满的情绪，甚至出现上访、游行示威、打砸抢等暴力事件，危及国家安全和社会稳定。为了维护社会稳定，避免社会稳定风险产生，确保政治与社会、经济与社会协调发展，考验政府风险治理的智慧，社会稳定风险评估理论研究与实践应运而生。

---

① 李伯聪. 风险三议 [J]. 自然辩证法通讯，2000（5）：48-55.
② 顾严，张本波. 重大决策社会稳定风险评估研究 [M]. 北京：人民出版社，2018.
③ 郭秀云. 重大项目社会稳定风险的管理与控制 [J]. 重庆社会科学，2012（7）：14-18.

（五）社会稳定风险评估

风险评估原本是经济学中的概念，是用来鉴别和评测财务报表中对潜在风险和错误进行评估的工作方法和步骤。之后，风险评估被引入社会管理中，就出现了社会稳定风险评估一词。社会稳定风险评估是指与公众生活和公共利益息息相关的重大政策、重大项目和重大活动在审核批准和组织落实之前，基于风险评估原则、程序、内容、方法、指标等要素对有可能产生社会稳定风险的要素展开系统调查研究和进行精准评估，根据评估结果制订出应对方案和措施，实现在源头对社会稳定风险进行预防和化解，保障重大决策的顺利实施。

二、理论界定

（一）风险管理理论

风险管理作为现代管理学理论，最早起源于美国，20世纪50年代，格拉尔首次使用了"风险管理"一词。风险管理理论最早应用在经济领域，因为风险管理力求规避风险，追求成本与收益的合理均衡，按照损失大小进行排序与组合，并由此构建应对处置机制，以有效措施优先弥补大概率之下的大损失，风险较小的损失靠后处置，风险管理被广泛应用于工商管理领域，风靡一时。1964年，威廉姆斯等在《风险管理与保险》一书中提出，风险管理是基于风险识别、风险衡量、风险控制，从而以最低成本投入确保风险损失最低的管理方法。据此，可将风险管理分为如下步骤。①风险识别阶段：主要是构建风险管理体系之前的识别风险活动。社会稳定风险识别阶段就是在进行社会稳定风险评估时，选定评估目标和评估内容，收集民意，反映民意，确立风险点和风险源。②风险衡量阶段：主要是基于风险识别对可能出现的风险进行权衡与再选择。社会稳定风险衡量阶段就是在社会稳定风险评估之中，根据风险要素和风险点展开重要性与可控性分析，由此形成评估报告。③风险控制阶段：主要是基于风险衡量对风险等级进行排序，根据不同等级建立相应的防控机制。社会稳定风险防控阶段是在社会稳定风险评估之后，制定出相应的防控机制，减少社会风险出现的概率，有效化解社会矛盾。④风险评估阶段，主要是在风险控制中对公共政策实施进行全面的绩效评估，然后对风险识别、风险衡量、风险控制加以完善，使得风险下降的目标得以实现。社会稳定风险评估是对整个项目全流程进行系统化分析来实现建设项目持续、反复、动态的风险管理目标，从而保障项目有序进行，由此可见，风险管理和社会稳定风险评估，在工作流程和工作步骤上完全契合①。

（二）协商民主理论

社会稳定风险评估是社会治理的一部分，国家治理体系和能力现代化要求引入协商民主的治理机制，重视社会主体在公共决策中的地位与作用，引导广大民众和相关利益主体有序、有效、理性参与社会风险评估活动，进而整合各方意见，在充分平衡个人、集体和公共利益的基础上实现利益均衡和社会公平，增强社会稳定风险评估的合法性与合理性。从学术界对协商民主的研究成果看，协商民主属于多维一体的政治制度体系集合，最大限度包含了立法层、决策层、治理层等的各类活动。

（1）立法层面的协商民主。戴维·米勒认为，基于公开讨论的决策民主体制，可以使参与者对个人想法进行充分阐述，同时又能够接受他人相反的意见，这就是协商体制的体现。②决策层的协商民主内容集中表现在：第一，平等的决策主体，民众和利益相关主体都有参与意愿、能力和渠道，可以充分表达其诉求，且能实质性影响公共决策；第二，公正的决策方式，所有决策参与主体在公共利益视角下进行相对自由的讨论和交流，及时公开信息，保证程序的公正性和内容设计的平等性，突出平等对话与协商整合，使得公共意志得到有效体现，公共利益得到有效维护。

（2）决策层面的协商民主。这集中反映在注重决策程序，在协商过程体系中融入公正的价值理念和协商机制，做好有关程序的制度设计，突出起点

---

① 高蓓. 社会稳定风险评估机制研究——基于公安机关重大决策的视角 [D]. 北京：中国人民公安大学，2018.

② 陈家刚. 协商民主与当代中国政治 [M]. 北京：中国人民大学出版社，2009：137.

协商、过程协商和结果协商，在整个协商活动中要有严格的程序要求与标准，决策层面的协商民主的核心要义在于对程序自身意义的重视比价值协商结果更为突出。

（3）治理层面的协商民主。协商民主可以增进社会公众参与公共治理的能力，精准定位社会治理中的难点、堵点、痛点，充分挖掘各方力量与聚集智慧，彼此相互了解和理解，尊重和彰显出彼此各自的利益，最大限度提高公共政策执行的合理性，形成公共政策命运共同体。由于阶层多元化和阶层利益诉求不同，势必出现影响社会稳定和加剧社会分裂的情况，而协商民主作为社会治理的创新形式，可以为群众和利益相关者提供相对公正的实现机制，让其彼此可以自由交流意见和表达诉求，彼此包容，实现共识，确保决策能够使各方利益得到最大限度的满足。

（三）协同治理理论

有关协同治理理论的研究成果较多，研究成果瞩目，现已形成了较为成熟的理论体系。研究主要围绕公共治理模式中网络、协作和公共价值等内容展开。同时，公共治理、网络治理、协作治理等概念属性被广泛移植到协同治理理论研究中，形成诸如协作治理、新公共管理、政策网络、网络治理、跨部门合作、分权式管理、参与式治理、整体治理以及交互式治理思想。研究内容主要以公共部门组织领导、多主体共同参与的合作模式为中心，其目的在于各方参与者达成合作共识，最终提升治理的合作效率和公共服务的供给效率。实施协作治理需要大量相互依存的行为者间的复杂互动，这种行动者之间的互动并非自然而然形成的，复杂协同互动是否能够取得效果是由不同类型的有序管理和网络结构所决定的。协同治理存在于开放、协商、共识的环境中，但是在实践中往往难以实现共同目标，需要各方达成利益共识。协同治理相关研究的另一关注点在于如何保持该治理模式下稳定的效率。这就需要了解协作过程以及协作过程对结果的影响。必须认识到设计正式的组织因素（协议、规则、结构和角色）来实现协作的重要性和必要性，而这些正式的组织因素是否会产生预期的结果，取决于非正式因素等要素的影响，例如，激励型领导、信任、承诺、共同理解和价值观等，这些非正式因素在协同治理实践过程中与正式因素融合，可对协同治理理论研究产生可持续的学术影响力。

从现有研究成果看，所谓协同治理是指多元主体通过协同合作，形成相互依存、共同行动、共担风险的治理体系，产生合理有序的治理结构，促进公共利益最大化实现与优化。协同治理还有合作治理的意义，但又不仅限于简单合作，它是在传统刚性管理基础上强调治理的协同性。就探索社会稳定风险评估与协同治理关系而言，协同治理强调立法层、决策层、治理层之间不仅仅是简单的各自发展、各自安好，更强调在三者之间实现良性互动和高度协同；从微观视角看，协同治理要求三个子系统功能分工，在协同的基础上实现善治的目标，关键在于要保障各子系统独立运行的资源基础，优化协同治理的主体权责范围，构建合理的协同治理平台。

第三章

社会稳定风险评估流程管理

学界认为社会稳定风险是社会秩序遭到破坏、导致政治经济生活无法正常运行的事件发生的可能性。

风险识别作为风险评估的第一步，显得尤为重要[①]。

一、风险的类别

(一) 政治风险

尽管政治风险（political risk）这个名词已经在许多经济学文献中出现，但目前并没有一个明确和统一的定义。常见的政治风险包括制度与政策异常终止及政府变更决定带来的影响；暴力事件、地区冲突与矛盾；官民对立、治理能力低下；腐败与寻租；政治生态复杂、透明度较低；政策的科学化、民主化、法治化较低；法治程度较低、政府职权界限不清晰。目前国内外学

---

① 高山，高腾腾. 基于行动者"满足性失灵"的社会稳定风险动力机制构建 [J]. 中南大学学报：社会科学版，2014 (6)：183-189.

界对政治风险的研究一般分为两种，一种是针对一国国内政治事件对本国企业或经济造成的不确定性影响的研究；另一种是对跨国政治风险的研究，此类研究的重点是国外政治事件对本国企业或经济造成的不确定性影响。我们将这两种风险称为国内政治风险和国际政治风险。

Robock（1971）将国际政治风险区根据影响力的不同分为宏观国际政治风险和微观国际政治风险。宏观国际政治风险是指对所有外国企业都有影响的国际政治风险。而微观国际政治风险是指仅对某一行业或是某一商业领域或具有某种特定特征的外国企业有影响的国际政治风险。[①]

Simon（1982）以国际政治风险是否来自企业投资的东道国将国际政治风险进一步细分为内部政治风险和外部政治风险。内部政治风险来源于东道国内部，而外部政治风险来源于其他国家。[②]

国际政治风险事件的表现形式是多种多样的，很难用某种行为去概括，其主要包括以下四个特征，都可以称为国际政治风险。一是不连续。事件必须导致相关行业的经营环境发生巨大改变。二是政治性。这种风险必须由政治事件引起。三是不确定性。风险的自然属性之一就是不确定性，事件的发生是不可预估的。四是负面性。风险事件会导致企业的关键运营指标或战略目标发生大幅度不好的改变。

与国际政治风险主要强调不同国家政府的掠夺风险及其对国际投资的影响不同，国内政治风险主要关注政治因素带来的政治风险。不同国家的政治体制不同，资本市场的国内政治风险的来源和经济影响也不同。不管是在发达国家还是转轨国家，政府对经济活动或多或少有干预措施，这导致部分企业通过建立政治关系来谋求经济利益，使企业的政治关联在很多国家普遍存在。所谓企业政治关联是指企业与政府官员或政治人物之间的密切关系

---

① ROBOCK S H. Political risk-identification and assessment [J]. Columbia Journal of World Business, 1971, 6 (4): 6-20. 转引自褚兴. 政治风险文献综述 [J]. 时代金融, 2015 (11): 229-232.

② SIMON J D. Political risk assessment-past trends and future-prospects [J]. Columbia Journal of World Business, 1982, 17 (3): 62-71. 转引自褚兴. 政治风险文献综述 [J]. 时代金融, 2015 (11): 229-232.

（Faccio，2006）①，在不同政体国家，企业的政治关联具有不同的形式。现有研究表明，借助与政府官员或政治人物良好的关系，企业可获得一定的经济利益。政治关联在给关联企业带来经济利益的同时，也成为政治风险的来源，国内政治权力结构的变化、政治人物的健康、选举导致的政党更迭都给企业带来政治风险，都可能成为上市公司非系统风险的组成部分②。表现在政治生态复杂、政治透明度较低、政治政策的科学化、民主化、法治化较低，法治程度较低，政府职权界限不清晰等方面。

（二）经济风险

经济风险是指在生产和销售等经营活动中由于各种市场供求关系、经济贸易条件等因素变化的影响，或者决策失误，对前景的预期出现了偏差等，导致经济上遭受损失的风险③。金融经济对我国的社会经济发展和国民经济增长具有关键性影响，在经济全球化背景下，各国之间的竞争日益激烈，在市场经济条件下，金融经济呈现迅猛发展的态势，对我国整体经济发展影响越来越大。市场风险便是市场在经济发展过程中所面临的风险。对于我国来说，经济的发展基础是健康稳定的市场条件，市场处于健康状态，经济就能够快速发展，反之，如果市场经济体制存在一定的运行风险，那么经济的风险发生率也将大大提升④。

一般来说，国内外都会根据自身的经济发展体制对涉及金融经济的领域采取严格的控制制度，保证金融经济的发展与国家整体经济发展和法律法规相适应，如果金融经济领域的机构、企业在经营过程中与法律法规相违背，必然会引发金融经济法律风险，对健康稳定的发展秩序造成冲击。在当前经济发展形势下，由于各个国家的经济发展形势不同，其货币兑换比例也在不断浮动，一个国家的货币在国际市场上的价值取决于一个国家的经济发展状

---

① FACCIO M. Politically connected firms［J］. The American economic review，2006：369-386. 转引自褚兴. 政治风险文献综述［J］. 时代金融，2015（11）：229-232.

② 褚兴. 政治风险文献综述［J］. 时代金融，2015（11）：229-232.

③ 沈开涛. 风险识别［M］. 北京：北京大学出版社，2015：6-7.

④ 杨子龙，王正钎. 我国金融经济发展的风险及其防范［J］. 中国市场，2018（16）：40-41.

况。目前来说，各个国家之间的金融交易和贸易往来不断加强，金融经济的汇率风险也所有提升，其风险对贸易两国都有一定的影响，贸易国家的经济发展情况、经济发展前景、政治军事等多项因素都会引起货币的贬值或增值，对金融经济发展造成汇率风险。

经济风险是经济主体在从事经济活动中遭受损失的可能性，主要有以下特点。一是不确定性。在市场经济中，市场是变化莫测的，而人们的认识能力由于有限理性与不完全信息的存在是有限的，由此不确定性是市场风险的本质体现。经济风险就是由不确定性引起的、产生经济损失的可能性。二是普遍性。由于经济问题涉及社会的方方面面，所以经济带来的风险存在于某一事件或过程的多个环节之中。三是扩散性。随着全球化的不断发展，经济本质上已经是一个多边信用共同建立起来的信用网络，单独的经济体已经无法继续，从而导致在这个网络中的任何环节出现的风险损失都有可能通过网络对其他环节产生影响，甚至可能引发金融危机。四是突发性。由于金融机构具有一定的创造信用的能力，因而可以在一段时间内通过不断创造新的信用来掩盖已经出现的损失和问题。所以这些经济风险不断累积，最终会以突发的形式表现出来。

(三) 社会风险

社会风险的界定通常有两种取向：一是取广义的"社会"含义，将政治、经济、文化都包含在内，除了个体的疾病、死亡、失业、意外事故和财产损失外，其他均属于社会风险；二是取狭义的"社会"含义，将社会看成与政治、经济、文化并列的系统，此时的社会风险则专指社会系统的风险。风险无处不在，社会稳定风险尽管亦有可能基于技术性风险而产生，但其本身更多的是一种社会性风险，是指由于个人和团体的行为，包括过失行为、不当行为及故意行为对社会生产及人们的生活造成损失的可能性[1]。这种社会风险是基于利益相关人和公众与决策主体之间的诉求冲突而产生的。

从文化的视角研究社会风险，通常隐含了建构主义的前提，将社会风险

---

① 沈开涛. 风险识别 [M]. 北京：北京大学出版社，2015：6-7.

视作一种社会建构，试图回答的基本问题是人们会"认为"哪些社会事实是社会风险或者哪些社会风险构成重大威胁。社会风险既是现实的，又是建构的，因为社会风险在本质上是现实的，一旦嵌入社会结构之中就是建构的。政策制定者通常站在国家层面，思考如何从制度上约束社会风险；理论研究者通常站在社会层面，探索社会风险是如何一步步被放大的；管理者需要考虑如何预警社会风险和管理公共危机，而研究者关心的是风险是如何被感知的①。

　　社会风险的特征有如下。一是突发性。社会风险都是在一个时间节点上突然发生的，在一定程度上具有"不可预知性"，其演变的过程比较短暂，不足以提供充足的时间给相关部门进行调控防治，故转变为事前防控风险。二是规律性。由于政策项目有类似性，社会风险在爆发时有一定的规律可循，因此，社会风险可以被控制。三是连续性。社会风险是具有连锁反应的风险，风险的演变或应急不当，都可能引起风险蔓延、危害扩大。四是公共性。公共性表现在社会风险的产生来源于公共、防控依赖于公共②。

（四）文化风险

　　文化之所以会产生风险，其根源在于文化差异。特龙帕纳斯在分析文化的概念时认为，社会互动或有意义的交流，以人们相互交往前就存在处理信息的共同方式为前提，它们对跨文化管理有着重要的意义。交流双方相互依赖，他们共同构成了一种相关联的意义体系：一个群体对一种情境共有的解释。在现实社会中进行有意义的互动要有一个绝对的前提，即存在共同的预想。当交流对象的预想一致时，双方对其意义便有了相同的理解。文化通过人们期望的和归结于环境所共享的意义的不同而相互区别，一旦形成便具有很强的稳定性和继承性。每个国家、地区、组织甚至每个人都是一个文化系统。所以当各种文化系统在社会活动中相遇时，这种文化差异便潜在地构成了无法避免的文化风险，尤其在企业组织中较为常见。若不加以控制和规避，

---

① 张海波. 社会风险研究的范式［J］. 南京大学学报，2007（2）：136-144.
② 唐均. 公共安全与政府责任［J］. 中国党政干部论坛，2017（5）：12-15.

文化风险会酿成文化冲突，带来巨大的损失。

文化风险也是一个多维度的复杂性概念。具体而言，文化风险既包括物质文化保护不善甚至损毁的风险，还包括精神文化难以传承甚至后继无人的危险。文化风险表现在主流价值观念受到挑战，受到落后腐朽文化的侵蚀。

文化风险的特征如下。一是客观性。文化风险的存在是不以人们的意志为转移的，不同文化间的交流必定会引发多方面的碰撞。二是多样性、复杂性。源于文化内涵本身的丰富与多变，并通过语言、行为方式、价值观念等多方面综合体现，正确地理解和分析文化风险的多样性和复杂性，是有效地识别这种风险的基本前提。三是隐蔽性。文化是深层次无形的，使人们不容易注意到风险的存在，所以容易在各种活动中蒙受损失，只有已经造成损失的时候，风险才会从隐蔽状态暴露出来。四是持续性。文化风险与观念形态方面的风险，是一种价值危机和信任危机，与由汇率、利率、市场需求波动等引起的其他风险相比，由文化差异引起的风险渗透力强、错综复杂，一般来说持续的时间也会更长。

（五）技术风险

技术风险是指伴随着科学技术的发展、生产方式的改变而产生的威胁人们生产与生活的风险，技术在应用、转移、创新过程中具有或生发的风险。如核辐射、空气污染和噪声等。其主要来自硬件设备和软件两个方面。一是由于技术创新需要的相关技术不配套、不成熟，新技术可能不成功，可能与现有生产能力不相容。技术创新所需要的相应设施、设备不够完善。这些因素的存在，影响到创新技术的适用性、先进性、完整性、可行性和可靠性，从而产生技术性风险。二是对技术创新的市场预测不够充分。任何一项新技术、新产品最终都要接受市场的检验。如果不能对技术的市场适应性、先进性和收益性做出比较科学的预测，就使创新技术在初始阶段就存在风险。这种风险源于技术本身，因而是技术风险。这种风险来自新产品不一定被市场接受，或投放市场后被其他同类产品取代，所产生的损失包括技术创新开发、转让转化过程中的损失。这就是说，技术创新确实存在风险，并不是技术越先进越好。技术风险表现为人工智能技术、现代生物技术对人类社会的隐患①。

技术风险的特征主要是交互性。技术风险一般不直接表现出来，而是通过演变成生态环境风险或者经济风险表现出来，在这个过程中，技术风险与其他风险构成网络，相互影响。

（六）生态环境风险

与一般自然灾害风险不同，生态环境风险是一种"人造风险"（Artificial risk），其形成的原因不只是自然问题。环境科学研究者较早地提出了生态环境风险的概念和分类："生态环境风险是由自然原因和人类活动（对自然或社会）引起，并通过环境介质传播，对人类社会及自然环境产生破坏、损害以至毁灭性作用等不幸事件发生的概率及其后果。环境风险按风险源分类可分为化学风险、物理风险及自然灾害引发的风险；按承受风险的对象分类可分为人群风险、设施风险及生态风险。"结合赵晓莉、毕军和卢静等人的观点以及《建设项目环境风险评价技术导则》中的相关规定，将"生态环境风险"的概念表述为因人类的开发、生产活动而导致的突发性事故、环境污染或生态破坏的可能性，既包括前述危险状态暴发的可能性与不确定性，也包括危险状态暴发后可能导致的危害性后果②。环境污染和生态破坏具有一定的趋稳向好态势，但形势仍然十分严峻。其中，水污染、空气污染、土壤污染、农村环境污染、生态退化显得尤为突出，由于生态环境污染事件频发，人们对生态环境风险尤为重视。这些污染带来的事故/事件与群众健康关系密切，公众关注度高，很有可能直接转化为社会风险甚至演变为冲突事件，威胁社会稳定。

生态环境风险具有以下特点。一是客观性。生态系统不是封闭、静止不变的，会受到诸多不确定性和危害性因素的影响，所以生态环境风险对于生

---

① 侯光辉，王元地．"邻避风险链"邻避危机演化的一个风险解释框架 [J]．公共行政评论，2015（1）：4-28.

② 王鲁权．环境风险评估制度构建的基本理论问题研究 [J]．大连海事大学学报（社会科学版），2016，12（6）：41-48.

态系统来说是客观存在的。二是危害性。生态环境风险的发生会对生态系统造成负面影响，这些影响可能导致生态系统结构的损失、群众生活受到负面影响。三是不确定性。生态系统具有哪种风险和风险源都是不确定的，这类自然灾害是难以预测的，同时还表现在灾害或事故发生之前对风险已经有一定的了解，而不是完全未知。生态风险表现为自然环境遭到破坏、自然资源逐渐枯竭、过度追求 GDP 的增长而忽视对自然的破坏、自然灾害频发。

二、风险调查阶段

为充分了解拟建评估项目的可能性风险，我们要对其进行多方位的调查，主要包括合法性调查、合理性调查、可行性调查和可控性调查。

（一）合法性调查

合法性调查主要从调查对象的责任主体、内容、范围及依据和程序的合法性着手。

调查对象的责任主体资格是否符合相关法律、法规、规章和政策规定。重大事项的决策提出部门、政策起草部门、项目报建部门、改革牵头部门，以及重大事项、重大项目的最终决策、审批部门，是组织实施社会稳定风险评估的责任主体。明确调查对象的部门是否符合以上责任主体的要求，《关于建立健全重大决策社会稳定风险评估机制的指导意见》（中办发〔2012〕2号）对责任主体的具体划分做出了详细的说明。为保证社会稳定风险评估的合法性，必须针对调查对象的责任主体资格是否符合相关法律、法规、规章和政策规定进行调查。

调查内容是否符合相关法律、法规、规章和政策规定。对项目的内容进行调查，核实其是否符合规定才能确保社会稳定风险评估活动本身的合法性。如果调查项目的内容不符合相关法律、法规、规章和政策规定，那么在进行风险评估时对其不符合规定的地方进行评估并得出结论，才能使决策、项目本身的合法性得到保证。

调查涉及政策调整、利益调节的对象和范围是否界定准确，调整、调节的依据是否合法。对于政策而言，最重要的是制定和执行，但在这之后必定紧跟着一系列调整过程。政策调整作为整个政策实施过程中的重要一环，因此要对其调整的范围、对象是否合法，以及调整的依据是否合法进行调查，保证政策调整过程中以及政策决策的合法性，以此保证政府的公信力不会受到损害。由于利益调节无法满足所有人的需求，本就易产生风险，所以对利益调节的范围、对象、依据的合法性进行调查有利于明确涉及的立项、审批及拟实施程序等是否符合相关法律、法规、规章和政策的规定。在进行社会稳定风险评估时，项目的立项调查包括审批项目建议书和项目可行性研究报告，对审批过程进行合法性调查，调查相关规划和批复等前置审批要件是否基本齐备，相关审批部门是否具有相应的审批权限。在项目的实施过程中，要调查是否按照规定办理相关手续。

（二）合理性调查

合理性调查主要从群众、地区经济、政策的角度着手进行。

调查是否符合本地区经济社会科学发展要求，是否符合本地区社会公共利益和广大人民群众的根本利益。

调查是否合理兼顾不同利益群体的诉求，相关补偿和其他救济是否合理、公平、公正，是否与其他同类或类似事项的处理有较大差别。

调查是否保持了政策、措施的连续性、相对稳定性、严密性，以及与相关政策、措施的协调性，是否会导致本地区、行业、群体间相互攀比。

拟采取的措施和手段是否必要、适当，是否会加重群众经济负担或对群众生产生活造成较大影响。若有多种措施和手段可以达到目的，要选择对群众权益损害最小的。

（三）可行性调查

可行性调查与合理性调查最大的区别在于，合理的不一定可行，所以为确保调查对象是合理可行的，就要对其是否有充分条件可以实施等进行调查。

调查是否符合本地区、本行业、本部门经济社会发展总体规划。经济社会发展总体规划决定着一个地区一年度甚至十余年的发展方向与整体方针政策，一般体现在政府的文件函中，所以需要对政府颁发的文件进行仔细阅读、详细分析。还需对项目是否符合广大人民群众的根本利益，是否与当地的经济社会发展水平有较高的适应度进行调查。

调查是否组织开展了前期宣传工作，是否得到大多数群众的认可。前期的宣传工作成效如何在民意调查时就能充分体现出来，对于项目的支持度而言，数据结果才是最有说服力的。

调查是否有周密、完善、具体、可操作的实施方案。首先是筹资方案，确保政策项目的开展具有充足的资金支持，项目主体应按照相关要求和规定，将资金筹措到位。其次是保障方案，为保证项目能顺利开展，拟建评估对象应制定周密、完善、具体、可操作的实施方案。

调查时机是否成熟。项目能否成功完成、政策能否成功实施，除了上述可行性调查内容外，还应对时机是否成熟进行判断。

（四）可控性调查

在对项目风险可控性的调查中，通过对社会反应度、舆论反应度、风险可控度三个方面的综合性调查，判断政策项目的风险是否在可控范围内。社会反应度主要体现在是否发生信访、集访等事件，以及在知晓了政策项目的存在后是否发生了负面的舆论和过激行为。在对风险调查过程中，通过收集网络舆情发现是否有负面舆论、是否有新闻媒体的负面报道，确保舆论的反应度是在可控范围内。相关部门是否做了大量的正面宣传和引导，很大程度上直接影响群众的熟知程度的高低，需要做充分的政策项目的宣传解释和舆论引导工作。此外，在座谈会阶段，各职能部门对项目展开讨论并确定应急管理思路，且拟建评估对象自身应根据讨论结果制订出应急预案，针对可能出现的社会稳定风险制定维稳方案。

三、风险识别阶段

风险识别是对单位面临的各种不确定因素进行确认的过程，如单位层面应关注活动的决策、执行、监督是否实现了有效的分离；权责是否对等；是否建立健全议事决策机制。在社会稳定风险评估中，风险识别阶段主要包括三个部分：风险因素识别、民意调查结果分析、风险识别与赋值分析。

（一）风险因素识别

风险因素分析必须参照《国家发展改革委关于印发〈国家发展改革委重大固定资产投资项目社会稳定风险评估暂行办法〉的通知》（发改投资〔2012〕2492 号）、《国家发展改革委办公厅关于印发〈重大固定资产投资项目社会稳定风险分析篇章和评估报告编制大纲（试行）〉的通知》（发改办投资〔2013〕428 号）中有关社会稳定风险评估指标体系及其他相关内容，并结合项目社会稳定风险评估实际情况，从合法性、合理性、可行性和可控性四个方面进行识别，再结合专家咨询意见、利益相关者群体意见进行综合识别与分析，通常可选用对照表法、专家咨询法、实地走访法、项目类比法、问卷调查法、访谈法等方法。

（1）对照表法，根据《重大固定资产投资项目社会稳定风险分析篇章和评估报告编制大纲（试行）》（发改办投资〔2013〕428 号），基于风险因素对照表对存在的风险进行对照识别，此种方法能够快速准确地找出风险的大致类别、确定风险种类（表 3-1）。

表 3-1　风险因素对照表

类型	序号	风险因素
政策规划和审批程序	1	立项、审批程序
	2	产业政策、产业规划
	3	规划选线（选址）
	4	规划设计参数（设计规范）
	5	立项过程中公众参与

续表

类型	序号	风险因素
征地拆迁及补偿	6	土地房屋征收征用范围
	7	土地房屋征收征用补偿资金
	8	被征地农民就业及生活
	9	安置房源数量和质量
	10	土地房屋征收征用补偿标准
	11	土地房屋征收补偿程序和方案
	12	拆除过程
	13	特殊土地和建筑物的征收征用
	14	管线搬迁及绿化迁移方案
	15	对当地的其他补偿
技术经济	16	工程方案
	17	隧道及地下建筑工程的施工可能引起地面沉降的影响
	18	资金筹措和保障
生态环境影响	19	大气污染物排放
	20	水体污染物排放
	21	噪声和震动影响
	22	电磁辐射、放射线影响
	23	土壤污染
	24	固体废弃物及其二次污染
	25	日照、采光影响
	26	通风、热辐射影响
	27	光污染
	28	公共开放活动空间、绿地、水系、生态环境和景观
	29	水土流失
	30	其他影响
项目管理	31	项目"五制"建设
	32	项目单位六项管理制度
	33	施工方案
	34	文明施工和质量管理
	35	社会稳定风险管理体系

续表

类型	序号	风险因素
经济社会影响	36	文化、生活习惯
	37	宗教、习俗
	38	对周边土地、房屋价值的影响
	39	就业影响
	40	群众收入影响
	41	相关生活成本
	42	对公共配套设施的影响
	43	流动人口管理
	44	商业经营影响
	45	对周边交通的影响
安全卫生	46	施工安全、卫生与职业健康
	47	火灾、洪涝灾害
	48	社会治安与公共安全
媒体舆情	49	媒体舆论导向及其影响

（2）专家咨询法，是对市场法的一种模拟。它是将专家设定为市场潜在购买者，利用其知识、经验和分析判断能力对价格鉴证标的进行鉴证的一种方法。同时，它也是向有经验的专家咨询，通过调查来识别、分析和评价危险源的一类方法，常用的有头脑风暴法、德尔菲法以及直接向专家学者咨询或进行讨论。

（3）实地走访法，也叫作田野调查法，就是通过调查人员的实地调查，进行相关的总结归纳，调查者有目的、有计划地运用自己的感觉器官或借助科学的工具和手段，直接考察正在发生的经济或社会现象。实地走访法是收集非语言行为资料的首选方法。

（4）项目类比法，是利用与拟评估项目类型相同的现有项目的资料或实际调查数据进行分析的方法。它是社会稳定风险评估分析常用的方法，也是结果较为准确的方法。但该方法的工作时间长、工作量大。在评价时间允许，又有足够可供参考的相同的或相似的现有项目时，可采用此法。采用此法时，应充分注意分析对象与类比对象之间的相似性，且应注意评估过程中各项目的独特性，不能盲目使用项目类比法进行评估分析。

（5）问卷调查法，在社会稳定风险评估中通常表现为自填式问卷调查法，指的是调查者将问卷发送（或邮寄给）被调查者，由被调查者阅读和填写问卷，然后由调查者收回问卷的资料收集方法。调查者从民意调查中可感知风险因素，在对问卷内容进行统计分析后得出数据、获得研究成果。问卷调查法具体包括个别发送法、邮寄填答法、集中填答法、网络调查法①。

（6）访谈法，通过访员和受访人面对面的交谈来了解受访人的心理和行为的心理学基本研究方法。因研究问题的性质、目的或对象不同，访谈法具有不同的形式，能够简单而有效地收集多方面的工作分析资料。在社会稳定风险评估中，调查人员通过制定访谈提纲，全面而又详细地对受访人员进行访谈，进而获得翔实、准确、更深层次的资料，主要作为自填式问卷调查法的一种补充方法。

（二）民意调查结果分析

为了更好地了解各利益群体对风险因素的意见，根据国家发改委拟制的《重大固定资产投资项目社会稳定风险评估报告编制大纲及说明（试行）》，应制定针对项目风险的民意调查表，通过了解汇总各周边群众的真实想法及意向，保证为风险评估顺利进行提供客观依据，旨在保障广大人民群众的根本利益。在社会稳定风险评估过程中评估主体可根据实际情况，采取公示、问卷调查、实地走访和召开座谈会、听证会等方式进行民意调查，向受拟建项目影响的相关群众了解情况。为充分反映每一位被调查者的真实想法及意向，在统计时应保留所有被调查者的问卷，并通过对"问题有效项的筛选"保证统计的有效性，在此阶段应对问卷的各类别调查进行分类整理。

分析内容一般包括：对基本情况的统计，对各项具体问题进行分析并进行描述性统计分析，对民意调查的意见和建议进行统计分析。

（三）风险识别与赋值分析

在社会稳定风险评估的中期，应召开部门座谈会，涉及被评估项目的单

---

① 风笑天. 社会调查中的问卷设计 ［M］. 3 版. 北京：中国人民大学出版社，2014：11.

位、责任人、代表都应出席座谈会，并在座谈会中积极讨论和提出建议。座谈会的成果应该包括与会人员谈论、提出意见建议后识别出的风险因素。对社会稳定风险评估中的量化评估结合民意调查实际情况、座谈会中各单位对该项目可能发生的风险进行的讨论及咨询专家得出相应分析结果。在这个阶段需要将风险识别的结果进行详细的分析解释，以便为接下来的风险评估阶段做好准备工作。

四、风险评估阶段

组织开展社会稳定风险评估，是为了知晓政策或建设项目对社会稳定的潜在威胁程度。重大决策是由各级党委政府或相关职能部门作出的、与人民群众利益密切相关的政策。在决策制定出台、组织实施或审批前进行社会稳定风险评估，是将社会稳定风险评估程序嵌入决策程序，增强决策对社会稳定风险的前瞻性和预防性[①]。为完善风险评估程序，将风险评估分为一般风险评估描述和风险评估两个方面。

（一）风险评估描述

描述风险评估主要从风险评估的总体原则、责任主体、分类管理、内容及结果运用着手。

近年来，社会稳定风险评估范围呈现扩大趋势，从项目评估向事务评估、政策评估拓展，适用范围趋于广泛，涉及社会的各个领域。根据中共中央办公厅、国务院办公厅《关于建立健全重大决策社会稳定风险评估机制的指导意见（试行）》（中办发〔2012〕2号）的相关规定，风险评估描述包括以下内容。

征地拆迁与补偿安置。涉及城市基础设施建设、城市综合开发、环境整治（拆除违法建筑）、旧村（旧城）改造、扶贫等重点项目的土地征用、拆迁补偿、居民安置；交通、水利、公共服务设施、工业园区等重点项目建设

---

① 王阳. 重大决策社会稳定风险评估制度的效果分析［J］. 中国行政管理, 2016（3）: 116-120.

中涉及群众切身利益的工程选址、实物调查、土地征用、拆迁补偿、移民安置、后续发展；农村基础设施建设和新型农村社区规划建设中的农民土地征收、补偿和人员安置等。

（1）企业改制。对国有、集体企业重组中制定的产权转让、资产处置、人员安置、社会保障等政策、措施是否合理，职工群众是否赞同进行评估。

（2）机构改革。对机关和事业单位改革中制定的人员安置、工资、离退休、社会保障和资产处置等政策措施，干部职工是否赞同进行评估。

（3）城市发展和管理。对城镇居民取暖、租车和公交车运营价格调整，以及重大行政区划调整，城市建设中土地征用、拆迁扩建、居民安置等决策是否合理合法、能否保障群众合法权益进行评估。

（4）资源开发和重点项目建设。水电、矿产、旅游、交通等资源开发及划分界河、公共服务设施建设等，涉及工程选址、土地征用的，应对居民安置、拆迁补偿等是否合理进行评估。

（5）社会保障和社会事业。对养老、医疗、失业、工伤、生育保险和最低工资标准、最低生活保障，以及复退军人和大学毕业生就业等政策调整，是否会产生负面影响、引发社会矛盾进行评估。

（6）环境保护。对建设项目和突发环境事件是否对环境造成影响，周边群众及有关方面是否有比较强烈的反应进行评估。

（7）食品、药品和生产、社区安全。对食品、药品以及生产和社区安全是否存在风险和隐患、是否会引发社会稳定问题进行评估。

（8）涉及"三农"。项目建设和乡村规划中的农牧民土地征用、集体土地征收、被征地农牧民补偿安置和移民安置；农牧区土地、林地、草场经营权转让，基础设施建设筹资筹劳；"两委"选举、村务公开；进城务工人员的工资发放、劳动就业和社会保险等政策；病死动物尸体处理设施、三级以上生物安全防护实验室。

（9）大型活动。涉及人员多、敏感性强，可能对社会稳定产生影响的重大活动；达到法定人数规模的群体性活动，法人或者其他组织面向社会公众举办的每场次预计参加人数超过1000人的体育比赛活动，演唱会、音乐会、歌舞表演等文艺演出活动；展览、展销等活动，游园、灯会、庙会、花会、焰火晚会等活动；人才招聘会、现场开奖的彩票销售等活动；未达到相关法定人数规模，租用、借用或者以其他形式临时占用场地、场所，面向社会公众举办的文艺演出、体育比赛、展览展销、招聘会、庙会、灯会、游园会等群体性活动；大中小学生等敏感群体参与的会议、体育文艺比赛、节日庆典集会、校外集体活动等大型活动。

（10）退役军人政策落实问题。对企业军转干部、复员军官、退役士兵，重点优抚对象等涉军群体在安置、社会保险方面可能引发的问题进行评估。

（11）教育问题。对大中小学校和幼儿园的校内及周边环境存在的社会治安和社会稳定隐患问题，中师毕业生定向就业、民办和代课教师有关待遇政策，以及教职工提出的利益诉求问题等方面的情况进行评估。

（12）民族宗教问题。对境内外敌对势力利用民族问题相互勾连，制造分裂颠覆活动和以宗教名义进行的非法渗透活动，邪教组织的破坏活动，以及敌对势力插手和利用我国人民内部矛盾，可能对我国社会政治稳定带来的现实危害进行风险评估。对因伤害民族、宗教感情和破坏风俗习惯引发的突发性、群体性事件以及少数民族和信教群众开展合法正常活动，当地党委、政府及有关部门是否做好维护稳定、保障和保护工作进行评估。

对其他涉及较多群众切身利益和可能引发群众集体上访、群体性事件的重大事项等进行评估。

（二）风险评估的总体原则

（1）遵循权责统一和统筹兼顾原则。风险评估实际上是行政机关的义务和责任，行政机关必须采取积极的措施和行动依法履行其职责，擅自放弃、不履行其法定职责或违法、不当行使其职权，要承担相应的法律责任。

（2）坚持长远利益和当前利益并重的原则。坚持在风险评估中注重长远利益意味着要对整体规划进行把握，当前利益则是着重关注广大人民群众的当前利益。

（3）坚持以人为本的原则。坚持把实现好、维护好、发展好广大群众的根本利益放在首位，真正让改革发展成果惠及广大群众。

（4）坚持民主公开的原则。广泛听取各方面意见，切实保障广大群众对涉及切身利益重大事项的知情权、参与权、监督权。这意味着行政决策风险评估程序的每一阶段、步骤、环节都应当以评估各方参与主体和社会公众看得见的方式进行。这是对整个决策风险评估本身的最低限度要求，它要求无论过程性信息还是结果性信息，除法定豁免公开的理由外，都应该无条件、不设置障碍地向公众公开。如若评估主体在风险评估中不公开信息，那么公众将无法收到权威、客观的信息，更无法对决策的风险是否存在以及存在程度进行思考，自然无法参与到风险评估中来。如此一来，行政决策的合法性根基就成了无源之水。因此，需要建立多中心的信息公开制度和听证制度①，保证遵循风险评估的民主公开原则。

（5）坚持依法和科学的原则。坚持从实际出发，按照客观规律办事，依据党的方针政策和国家法律法规及规定程序进行。在一些专业决策领域，专家的认知及由此形成的公共政策更符合社会的整体和长远利益，专家的知识和视野，有利于保证政府规划和决策的科学性。在规划形成后，下一步的重要工作就是如何科学地分解和落实目标。

（6）坚持统筹协调、分工负责的原则。按照"谁主管、谁负责""谁解决、谁评估""谁评估、谁负责"以及"属地管理，分级负责，归口办理"的原则，统筹落实好本地区、本系统的重大事项社会稳定风险评估工作②。

（三）风险评估的责任主体

社会性高的政策可由政府部门实施评估，同时收集、采纳社会主体的意见建议；技术性高的政策应委托私人部门或社会主体实施评估，政府部门是责任主体；矛盾性高的政策，除委托私人部门或社会主体实施评估以外，须吸引社区、专家和公民参与实施社会稳定风险评估，收集和采纳社会主体的意见和建议。

重大事项的决策主体是重大事项决策的责任主体，对决策结果负责。评估实施主体是实施社会稳定风险评估工作的责任主体，对社会稳定风险评估

---

① 戚建刚. 我国行政决策风险评估制度之反思 [J]. 法学，2014（10）：92-98.
② 参见《关于建立健全重大决策社会稳定风险评估机制的指导意见》（中办发〔2012〕2号）。

工作的组织实施和评估结果负责。所以重大事项的决策提出部门、政策起草部门、项目报建部门、改革牵头部门，以及重大事项、重大项目的最终决策、审批部门，是组织实施社会稳定风险评估的责任主体，必须牵头抓好风险评估工作，并对决定事项负责。具体责任主体部门如下。

各级党委、政府办公部门负责牵头做好本级党委、政府重大政策制定和调整等方面的社会稳定风险评估工作。

各级发展和改革部门负责牵头做好本级重大发展改革决策等方面的社会稳定风险评估工作。

各级国有资产监督管理部门负责牵头做好本级企业改制政策等方面的社会稳定风险评估工作。

各级自然资源部门负责牵头做好土地资源和能源开发利用、土地征用决策等方面的社会稳定风险评估工作。

各级住房和城乡建设部门负责牵头做好当地重大项目建设、房屋拆迁决策等方面的社会稳定风险评估工作。

各级交通管理、公安交警部门负责牵头做好当地交通运输、交通管理和疏导决策等方面的社会稳定风险评估工作。

各级农牧业管理部门负责牵头做好当地统筹推进新农村新牧区建设、城乡一体化发展及涉农涉牧政策制定和调整等方面的社会稳定风险评估工作。

各级生态环境部门负责牵头做好当地因环境问题而引发的社会稳定风险评估工作。

各级人力资源和社会保障部门负责牵头做好当地社会就业、劳动保障、医疗保险、拖欠农民工工资，以及军转干部政策、待遇等方面的社会稳定风险评估工作。

各级民政部门负责牵头做好当地基层群众性自治组织建设、救灾减灾、复员退伍军人安置及有关待遇政策方面的社会稳定风险评估工作。

各级物价管理部门负责牵头做好当地各种物资、商品价格调整等方面的社会稳定风险评估工作。

各级卫生和食品药品监督管理部门按照职责分工，分别负责牵头做好当地医患纠纷、重大疾病预防和食品药品安全等方面的社会稳定风险评估工作。

各级城市综合管理执法部门负责牵头做好当地城管执法等方面的社会稳定风险评估工作。

各级教育主管部门负责牵头做好当地大中小学校和幼儿园的校内及周边环境的社会治安和社会稳定、民办和代课教师有关待遇政策、中师毕业生定向就业以及大中小学校教师工资分配政策调整等方面的社会稳定风险评估工作。

各级民族和宗教部门负责牵头做好当地民族、宗教政策落实中可能发生的新情况等方面的社会稳定风险评估工作。

涉及其他问题或事项的社会稳定风险评估，根据职能职责和工作分工，分别由相关职能部门牵头负责。涉及多个部门职能交叉难以界定评估责任主体的重大事项，由党委、政府指定或由同级维稳办建议确定牵头负责部门。

各责任主体在对重大事项进行风险评估时，当地维稳、纪检监察、信访、法制公安等部门应派相关人员参加。[①]

五、风险评估的分类管理

分类管理就是指将事物分门别类，针对不同的分类适用不同的或是类似的管理方法进行管理。分类的目的是便于管理，社会分工也属于分类管理。而具体到个人，其自身的事务分门别类就是一种管理。分类管理有助于我们更好地利用知识，更快地得到信息。针对风险评估的分类管理能够使评估内容更加准确、评估程序更加规范。根据决策的不同级别和类型，对社会稳定风险评估工作实行分级分类管理，同时规范适用简易程序、特别程序，推动评估工作更加高效、便捷和重点突出地进行，实现评估质量和评估效率的统一，确保决策事项的顺利实施。

（一）简易程序

对于评估内容单一，涉及群众人数较少，群众诉求较为集中、明确，化

---

① 参见《关于建立健全重大决策社会稳定风险评估机制的指导意见》（中办发〔2012〕2号）。

解矛盾比较容易的项目，适用简易程序。简易程序一般不委托第三方机构评估。

乡镇（街道）的决策事项，一般适用简易程序开展评估工作。但决策涉及面较广、对群众利益影响较大、存在矛盾和隐患比较突出的，应按照《重大事项社会稳定风险评估实施办法》规定的一般程序开展评估工作。区县（自治县）级决策事项，适用一般程序开展评估工作。确需适用简易程序评估的，评估主体应向本级党委维稳工作领导小组提出书面申请，经研究同意后，可适用简易程序进行评估。市级决策事项，原则上适用一般程序开展评估工作。确需适用简易程序评估的，评估主体应当向行业主管部门或上级主管单位提出书面申请，经研究同意后，可适用简易程序进行评估。

同时，适用简易程序评估过程中，若评估主体发现存在风险隐患较多，应改用一般程序。简易程序按以下步骤进行。

听取意见。可采取重点走访、抽样调查等形式，对拟实施的决策进行宣传解释，充分了解直接利益群体对决策事项的意见，并根据实际需要听取其他相关群众的意见。

会议研究。由评估主体召开会议，通报拟决策事项和群众意见，听取职能部门和基层党组织的建议和意见，围绕决策合法性、合理性、可行性、可控性进行充分论证，研究制定，风险防范化解措施，并对风险等级进行判断。

编制报告。评估报告内容应包括决策事项的主要情况，群众意见、职能部门和基层组织的意见和建议，风险点及对应防范化解措施，风险等级结论等。

确定意见。决策机关根据评估报告内容和风险等级，按照相关规定确定全面实施、部分实施或不予实施。

适用简易程序的评估事项仍应按规定程序备案。在开展评估工作时，既要把握好程序和形式的相对简化，也要注重评估内容的全面真实，对主要内容和关键环节进行认真分析和评估，确保评估结论是科学可靠的。

（二）特别程序

对涉及面广、矛盾复杂、情况特殊的决策事项，适用特别程序，具体如下。

一是需市委常委会、市政府常务会，区县（自治县）党委常委会、区县（自治县）政府常务会议审议的涉及民生的决策事项。

二是环保邻避工程建设、医疗卫生政策调整、公共交通行业政策调整、利益诉求群体政策等涉及大量群众切身利益的决策事项。

三是决策事项实施过程中引发影响较大不稳定问题，需对决策进行调整再实施的。

四是在适用一般程序评估过程中，发现存在风险隐患较大，或预判评估结论可能为中风险以上的，应适用特别程序。

五是同级党委维稳领导小组或维稳部门认为应当适用特别程序的。

六是其他应当适用特别程序的决策事项。

对适用特别程序评估的决策事项，在按照规定程序开展评估工作的基础上，还应加强充分听取意见、分析评判风险、编制评估报告、评估报告备案等方面的工作。评估主体应将评估方案送同级维稳部门征求意见，同级维稳部门应对评估过程进行指导、督导；在充分听取意见环节，要通过多种方式了解相关群众对拟决策事项的意见，排查、梳理、分析不稳定因素。

公示公告。在一定范围内通过公告、媒体、网络等形式予以公示公告，以便相关利益群众了解真实情况、表达真实意见。公示内容应包括：实施该事项的法律和政策依据、目的意义、初步设想、可能产生的影响，群众意见建议的反馈渠道、方式、期限。

问卷调查。评估主体应根据项目资料，预判风险点，科学设计调查问卷。调查对象应包括与该决策事项有直接或间接利害关系的有关各方。

座谈走访。评估主体要广泛征求决策事项涉及的属地党委政府、部门以及社会各界的意见建议，深入了解和准确把握群众对事项的反应及诉求。

公开听证。涉及征地拆迁补偿安置的建设项目，涉及政府定价的重要商品、服务价格制定或调整，涉及重大公共利益、较多群众切身利益的重大事项，法律、法规、规章规定应当听证的重大决策事项，评估主体要按规定召开听证会①。

六、风险评估的内容

对重点建设项目可能存在的社会稳定风险，主要从合法性、合理性、可行性和可控性（安全性）等方面进行评估。

（一）合法性

项目审批部门是否享有相应的项目审批文并在权限范围内进行审批，项目实施是否符合现行相关法律、法规、规章以及党和国家有关政策决策程序的规定。

针对调查对象的责任主体资格是否符合相关法律、法规、规章和政策规定；内容是否符合相关法律、法规、规章和政策规定；涉及政策调整、利益调节的对象和范围是否界定准确，调整、调节的依据是否合法；涉及的立项、审批及拟实施程序等是否符合相关法律、法规、规章和政策的规定。

（二）合理性

项目实施是否符合以人为本的科学发展观要求，是否符合经济社会发展规律，是否符合社会公共利益和广大人民群众的根本利益，是否兼顾了不同利益群体的诉求；是否符合本地区发展规划，是否保持了政策的连续性，相对稳定性以及相关政策的协调性，是否可能引发地区、行业、群体之间的相互攀比、依法应给予当事人的补偿和其他救济是否充分、合理、公平、公正；拟采取的措施和手段是否必要、适当，有多种措施和手段可以达到管理目的的，所选择的措施和手段对当事人权益的损害是否最小。

合理性方面的调查主要从项目的社会参与度、社会影响力、社会满意度着手。其中，项目的社会参与度主要体现在公众参与上，即民意调查中周边群众的知晓度是否较高；社会影响力则是对拟建项目对本系统的近期和长远

---

① 参见《重庆市社会稳定风险分类评估办法》。

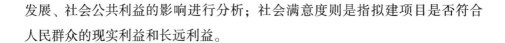

发展、社会公共利益的影响进行分析；社会满意度则是指拟建项目是否符合人民群众的现实利益和长远利益。

（三）可行性

是否符合本地区、本行业、本部门经济社会发展总体规划；是否组织开展了前期宣传工作，是否得到大多数群众的认可；是否有周密、完善、具体、可操作的实施方案；时机和条件是否成熟，资金投入是否到位，重大事项出台的时机是否成熟；是否经过严谨科学的可行性论证，是否具有稳定性、连续性和严密性。

（四）可控性（安全性）

项目实施是否可能引发较大规模群体性事件、较大规模上访、重大社会治安问题、网络负面舆论过激过热，以及其他影响社会稳定的因素。同时，关注宣传解释和舆论引导工作是否到位，可能引发的社会稳定风险是否可控，能否得到有效防范和化解，是否制定了相应的预警措施和应急处置预案。

七、风险评估的结果运用

决策机关和项目的审批部门应针对不同情形，充分参考社会稳定风险评估报告，对重大事项的实施与否做出如下决策。

经评估社会稳定风险较小、实施条件较成熟的重大决策、项目和事项，认定为低风险决策事项，要统一思想认识，加强宣传，依照风险控制预案有计划地推进实施。决策主体在确认决策、项目和事项为低风险且在可控范围内的状态后，可做出实施的决定，在实施过程中做好相应的风险防范和跟踪评估管理工作，妥善处理相关群众的合理诉求。

对于一些较为紧迫、客观上的确需加快推进和付诸实施，但又存在较大社会稳定风险，认定为中风险决策的事项，需要做出暂缓实施的决定。若风险点查找准确全面、风险防范措施科学合理、应急预案切实可行、各项风险因素在可控范围，待采取有效的防控、化解风险措施降低风险等级后，再做出实施的决策并稳妥推进。

对经评估认为存在重大社会稳定风险、实施条件尚不具备的事项，认定为高风险决策事项，应区别情况后暂缓决策或审批，同时不符合相关条件的高风险决策事项，坚决不予实施。有关方面要及时调整完善原有方案，待条件成熟、风险因素排除后，重新报请实施。

各级纪检监察、组织、维稳、信访等部门要加强对社会稳定风险评估机制建设的指导和监督检查，形成较为完善的社会稳定风险评估工作长效机制，切实从源头上预防和减少社会矛盾①。决策主体与评估实施主体要对决策实施的重大事项进行全程跟踪，以此监控风险过程。

八、风险评估管理

为将拟建项目的风险进行充分描述并评估，准确地对将风险发生概率、风险程度、综合风险等级进行估计是最为有效的表达方式。这个阶段主要包括风险发生概率与影响程度估计、单因素风险程度估计和项目综合风险等级估计。

（一）风险发生概率与影响程度估计

根据对项目风险的识别，依据标准值对各风险因素进行赋值。单因素风险影响程度是指按照风险发生后对社会影响的大小，将影响程度划分为严重、较大、中等、较小和微小五个等级。具体判定标准如表3-2所示。

表3-2 单因素风险影响程度（I）判定参考标准

等级	影响程度
严重	在当地或更大范围内造成一定负面影响（影响社会稳定、社会形象等），需要通过长时间的努力才能消除，且要付出巨大代价
较大	在决策区域内造成一定影响，需要通过较长时间才能消除，并需付出较大代价

---

① 参见《关于建立和完善重大事项社会稳定风险评估机制的指导意见（试行）》。

续表

等级	影响程度
中等	在当地造成一定影响，需要通过一定时间才能消除，并需付出一定代价
较小	在当地造成一定影响，但可能在短期内消除
微小	在当地造成很小影响，可自行消除

在对单因素风险影响程度及相应等级进行大致判定的同时，还要对单因素风险概率进行判定。单因素风险概率是指重大决策单因素风险发生的可能性，按照风险因素发生社会稳定风险的可能性，可将风险发生概率划分为很高、较高、中等、较低、很低五个等级。具体判定标准如表3-3所示。

表3-3　单因素风险发生概率（P）判定参考标准

等级	定性标准
很高	几乎确定
较高	很有可能发生
中等	有可能发生
较低	发生的可能性很小
很低	发生的可能性很小，几乎不可能

（二）单因素风险程度估计

风险程度（R）由风险发生概率（P）和风险影响程度（I）决定，其中，发生概率是指风险因素转化成社会稳定风险事件的可能性；风险影响程度是指风险因素影响规模、影响事件、群众承受能力等社会影响的大小。风险程度R、风险发生概率P、风险影响程度三者之间的关系为：$R=P \times I$。

单因素风险程度是单因素风险概率与单因素风险影响程度的乘积，因此风险程度可分为重大风险、较大风险、一般风险、较小风险、微小风险五个等级，如表3-4所示。

表 3-4 单因素风险程度（R）判定参考标准

等级	赋值范围	风险等级内涵描述
重大风险	(0.64，1.0)	可能性大，社会影响和损失大，影响和损失不可接受，必须采取积极有效的防范和化解措施
较大风险	(0.36，0.64)	可能性较大，或社会影响和损失大，影响和损失是可以接受的，需采取一定的防范和化解措施
一般风险	(0.16，0.36)	可能性不大，或社会影响和损失不大，一般不影响重大行政决策的落实，但应采取一定的防范和化解措施
较小风险	(0.04，0.16)	可能性较小，或社会影响和损失较小，不影响重大行政决策的落实
微小风险	(0，0.04)	可能性很小，且社会影响和损失很小，对重大行政决策影响很小

（三）项目综合风险等级估计

单风险因素得分为 $Q=K\times(1-R)$。各单风险因素分值 Q 相加即为风险因素综合得分。根据《重庆市社会风险评估管理办法》的相关规定："得分 80 分以上为低风险，60~79 分为中风险，60 分以下为高风险。"将最终得到的风险因素综合得分参照规定分数，对风险的等级进行估计。[①]

---

① 周燕，肖军飞. 社会稳定风险评估理论与实务研究［M］. 北京：中国商务出版社，2022：60.

第四章

社会稳定风险评估的专家资质标准化研究

　　社会稳定风险评估是国家立足治理体系与治理能力现代化大局作出地从源头预防化解矛盾和维护社会和谐稳定的战略决策与制度创新。党的十八届四中全会在《中共中央关于全面推进依法治国若干重大问题的决定》中明确指出："把公众参与、专家论证、风险评估、合法性审查、集体讨论决定确定为重大行政决策法定程序，确保决策制度科学、程序正当、过程公开、责任明确。"2019 年，国务院公布《重大行政决策程序暂行条例》（国令第 713号），再一次规范和细化了重大决策的机制与程序，将专家论证与风险评估作为贯穿决策全过程的重要环节。党的二十大报告指出，要从加强矛盾风险源头防范化解社会稳定风险，加快推进市域社会治理现代化、强化社会治安整体防控、发展壮大群防群治力量等方面的社会治理体系，不断提高社会治理社会化、法治化、智能化、专业化水平。专家咨询制度是指包括法学、政治学、管理学、社会学在内的相关领域专家，对重大决策问题或技术性较强的公共决策，通过分析、研究、讨论，按照民主集中制原则，形成较为一致性的意见或建议，最终形成行政决策的咨询制度。在完整的社会稳定风险评估流程中，专家承担着至关重要的角色，不仅要在社会稳定风险评估中发挥专业性作用，在评审环节更要发挥关键论证作用，推行专家咨询制度是依法行政和法治政府构建的必然要求。因此，完善专家咨询制度是社会稳定风险评估工作高质量完成的重要保障。

一、专家参与社会稳定风险评估的必要性分析

（一）有效发挥专家的系统谋划能力

专家参与社会稳定风险评估的价值主要体现在为政府提供评估决策和政策咨询，咨询论证是政策决策的重要环节与前置条件，是公共决策科学化、民主化、法治化的重要保障。决策评估只有对社会稳定风险进行全方位全周期的评估，主要以事前评估、事中评估和事后评估三种方式进行，才能达到实现防范化解社会稳定风险的目标。当前，专家可在四个领域中大有作为：①重点对区域高质量发展、重点行业（产业）发展等区域发展进行评估；②对各级领导干部和公务员绩效进行评估；③对直接关系到人民群众切身利益且对社会稳定、公共安全可能造成较大影响的重大决策事项的决策风险进行评估；④对重要战略、发展规划、重点任务实施进程进行评估。

（二）发挥好专家的专业优势

专家在积极参与社会稳定风险决策评估实践中，熟悉了评估领域的发展状况，发挥专业化与科学化的决策优势，可以提出系统性、前瞻性和储备性的对策。专家在参与、影响和服务政府决策中可熟知政府决策机制和工作思路，与政府开展密切合作。同时，专家还能以第三方视角评估，集政策咨询的科学、公正、专业于一体，突出决策评估的权威性、科学性、预见性和导向性。

（三）丰富实证调查方式

专家参与社会稳定风险评估要准确把握社会稳定风险的真实社情民意，对重大政策、重大举措、重大项目和重大活动进行前瞻性和实事求是的评估，评估维度主要包括合法性、合理性、可行性和可控性等。这就要求专家丰富实证

调查方式，准确把握社情民意。专家可采取问卷调查、访谈、民意测验、公示和听证会等多种调查方式，充分了解社会公众和相关利益主体的诉求，全面全程找到影响社会稳定的风险点、风险源和了解风险发展态势，确定不同的风险等级，最终形成风险评估结论，构建有效的应急和处置机制。

（四）不断补齐决策的短板

为使社会稳定风险评估与经济社会发展相适应，合理反映出人民群众的现实需求，专家还与党政机关、群团组织、社会组织、专业机构等部门展开紧密合作，全方位参与政府决策，在评估实践中提升专家服务经济社会发展的能力，弥补部分专家对政策研究不够深入的不足。

二、重大行政决策专家咨询制度的缘起性分析

我国重大行政决策专家咨询制度起源于改革开放，伴随着现代社会文明进步和科技发展的融合，依法行政和民主行政发展为重大行政决策专家咨询提供了制度基础和社会土壤。1981 年，《技术引进和设备进口工作暂行条例》指出，可行性报告的预审需经过专家咨询程序，这堪称我国最早的专家咨询制度。由此，专家咨询制度出现在各类制度设计内容中，凸显了这一制度的高度适用性和时代性。进入 21 世纪，国家密集性出台了专家咨询制度。2003年，《中华人民共和国行政许可法》第四十五条规定："行政机关作出行政许可决定，依法需要听证、招标、拍卖、检验、检测、检疫、鉴定和专家评审的，所需时间不计在本节规定的期限内"。随着服务型政府构建的实践深入，专家咨询制度成为我国重大决策中的必须程序和必备要件。2004 年，《全面推进依法行政实施纲要》提出"健全行政决策机制，建立健全公众参与、专家论证和政府决定相结合的行政决策机制"。2010 年，国务院发布的《国务院关于加强法治政府建设的意见》指出："要坚持依法科学民主决策，规范行政决策程序，要加强行政决策程序建设，健全重大行政决策规则，推进行政决策的科学化、民主化、法治化，要把公众参与、专家论证、风险评估、合法性审查和集体讨论决定作为重大决策的必经程序，作出重大决策前，要广泛

听取、充分吸收各方面意见，意见采纳情况及其理由要以适当形式反馈或者公布。"中共中央办公厅、国务院办公厅《关于建立健全重大决策社会稳定风险评估机制的指导意见》（2012）提出，根据工作需要，评估主体可由政法、综治、维稳、法制、信访等部门组成，有关社会组织、专业机构、专家学者，以及决策所涉及群众代表等参加评估。2019年，《重大行政决策程序暂行条例》（国务院令第713号）规定，对专业性、技术性较强的决策事项，决策承办单位应当组织专家、专业机构论证其必要性、可行性、科学性等，并提供必要保障，决策承办单位组织专家论证，可以采取论证会、书面咨询、委托咨询论证等方式，选择专家、专业机构参与论证，应当坚持专业性、代表性和中立性，注重选择持不同意见的专家和专业机构。《重大行政决策程序暂行条例》（2021）将重大决策风险评估纳入法定的决策程序。

中国共产党在长期执政实践中始终重视和发展社会主义民主与法治，由此形成的重大行政决策专家论证制度既是我国民主政治发展的必然选择，又是我国法治政府建设和实现行政民主化的客观要求。党的十六大报告指出："正确决策是各项工作成功的重要前提。要完善深入了解民情、充分反映民意、广泛集中民智、切实珍惜民力的决策机制，完善专家咨询制度，实行决策的论证制和责任制，防止决策的随意性。"党的十七大报告提出："推进决策科学化、民主化，完善决策信息和智力支持系统。"党的十八大报告提出要"健全决策机制和程序"。党的十八届四中全会通过的《中共中央关于全面推进依法治国若干重大问题的决定》指出："把公众参与、专家论证、风险评估、合法性审查、集体讨论决定确定为重大行政决策法定程序，确保决策制度科学、程序正当、过程公开、责任明确。建立行政机关内部重大决策合法性审查机制，未经合法性审查或经审查不合法的，不得提交讨论。"党的十九大报告明确指出"有事好商量，众人的事情由众人商量，是人民民主的真谛。"协商民主是实现党的领导的重要方式，是我国社会主义民主政治的特有形式和优势。加强协商民主制度建设，健全依法决策机制，构建决策科学、执行坚决、监督有力的权力运行机制。党的二十大报告提出"推进国家安全体系和能力现代化，坚决维护国家安全和社会稳定"，号召全党"主动识变应变求变，主动防范化解风险"，要求"坚持科学决策、民主决策、依法决策，全面落实重大决策程序制度"，"统筹发展和安全""以人民为中心""发展全过程人民民主"，这些思想为重大决策专家咨询制度发展与完善不断注入新理念，也为新时代重大决策专家咨询制度发展指明了远大方向，即"畅通和规范群众诉求表达、利益协调、权益保障通道"，推动健全"共建共治共享"的社会稳定风险评估机制。2023 年 11 月 7 日，中央全面深化改革委员会第三次会议，审议通过了《关于加强专家参与公共决策行为监督管理的指导意见》。该意见指出，专家是推进改革发展的重要智力资源，要加强对专家队伍的政治引领，完善专家参与公共决策的政策保障和激励措施，充分调动专家积极性和主动性。要建立健全从专家遴选到考核监督的全过程、全链条管理制度体系，分领域、分类别完善专家参与公共决策的制度规范，明确专家参与公共决策的职责定位、权利义务和相应责任等，激励这些专家积极为党和政府的科学决策建言献策。

三、专家资质界定

不是所有的自然人都具有从事社会稳定风险评估的资质，从事社会稳定风险评估的专家必须具有一定的资质，这不仅是专家的身份凭证，更是专家评估能力的全面展现。一般而言，社会稳定风险评估专家具有如下特点。

（1）法定的形式。国家或地方政府对从事社会稳定风险评估的人员资质取得的条件、考核标准、适用范围及其权利义务以法律的形式予以明确。这样，专家资质就具有权威性和规范性，就能保障社会稳定风险评估专家依法有序开展评估活动。

（2）评估专家的内涵。为了使得社会稳定风险评估活动能够更便捷地找到评估专家，需要科学合理设置评估专家的条件。评估专家的内涵系统全面包含着专家个人的情况，如职业证书、教育背景、从业经历、社会影响等。随着社会稳定风险评估实践不断深入，评估专家资质更为细致，还拓展到了职业道德、心理健康、社会公益等领域，这些都为社会稳定风险评估专家界定提供了详细的参考，以便于灵活地选择合格的专家。

（3）评估专家的外延。除了理解评估专家的内涵外，还应把握几点外延性内容：第一，专家在自身具有中立性、独立性与客观性的前提下向社会稳定风险评估提供相应的鉴定活动，鉴定活动必须公开和公正；第二，专家评估的对象是社会风险评估中涉及的专门性技术性问题，他们提出专业咨询意见能有效弥补决策中枢系统决策能力的不足；第三，专家评估活动需要以严谨的科学技术和专业知识为基础，需要运用严谨的逻辑推理，遵循严格的法定程序和法治思维进行某种意见的鉴别或判断活动，最终得出可反复验证和令人信服的科学结论。

四、评估专家资质管理建设

根据上述分析，将评估专家资质管理建设分为评估专家资质信息管理、评估专家资质抽取管理、评估专家考核管理、评估专家动态管理四个子系统。这些子系统的职责和功能不尽相同，同时又相互作用组成整体性的评估专家资质建设系统。

（一）评估专家资质信息管理

评估专家资质信息管理可分为评估专家基本信息、评估专家规模信息、评估专家分类标准信息和评估专家资格审查信息。

（1）评估专家基本信息。根据两级管理和管办分离原则，评估专家基本信息包括姓名、性别、民族、身份证号码、工作和推荐单位、学历、职务、职称、任职状况、从事何种专业技术工作和专家类别等。

（2）评估专家规模信息。考虑到社会稳定风险评估所涉及专业较广，客观上要求不同区域和行业都应配备一定数量的评估专家，评估专家可分为首席专家、核心专家和一般专家，根据专家类别实施不同层次的社会稳定风险评估。当然，为了应对一些突发情况，还可配备一定的后备专家。

（3）评估专家分类标准信息。评估专家分类标准是选择和判断专家类型的主要依据，分类标准是决定专家组合的影响要素。缺乏必要的专业分工就会出现专家扎堆或数量不足的两极困境，最终影响社会稳定风险评估的质量。评估专家分类既要符合国家层面的标准，又要突出社会稳定风险评估的行业性要求，可结合国家发改委编制的专家专业的分类标准，对社会稳定风险评估分类标准进行细化和补充，形成行业性标准。根据中共中央《关于建立健全重大决策社会稳定风险评估机制的指导意见》（中办发〔2012〕2号）的相关规定，评估专家可包括征地拆迁与补偿安置类、企业改制类、机构改革类、城市发展和管理类、资源开发和重点项目建设类、社会保障和社会事业类、环境保护类、食品药品和社区安全类、退役军人政策落实问题类、教育问题类、民族宗教问题类、大型活动类、涉及"三农"类等。

（4）评估专家资格审查信息。评估专家资格审查应由专家所在部门和政府部门实施双管理机制，依托政府平台建立统一的专家库，各单位按照程序和规定将聘任的专家信息及时报送至政府，由指挥中心负责通过平台对专家实现网络化管理。专家资格审查信息如下。①政治条件：政治原则性坚定、作风优良、廉洁奉公、模范尊法，具有高度的责任感和良好的职业道德，热心社会稳定风险评估事业；②业务条件：熟悉社会稳定风险评估领域的政策、法律法规和相关技术；③职称条件：应具有中级及以上专业技术职称或相应资历，在社会稳定风险评估领域有2年或3年以上工作经历；④身体条件：身体健康，有足够体力、精力和时间，能够保证参加社会稳定风险评估领域的相关活动；⑤其他条件：专业技术娴熟和具有丰富的实践工作经验的专家优先吸收。

（二）评估专家资质抽取管理

评估专家资质抽取管理主要是根据具体社会稳定风险评估项目要求，遵循公开、公平和公正原则，筛选出能力突出的专家，该体系由评估专家资质抽取条件和评估专家资质遴选机制组成。

（1）评估专家抽取机制。评估专家抽取应处理好如下问题：①根据评估项目类型选择专家，通常以常住地来缩小评估专家所在区域，遵循就近原则选择评估专家，如果是重大且技术性较强的评估项目，就可以选择全国性评估专家；②评估项目的专业类型要与评估专家从事专业工作领域大体一致，按照专业对口的原则，组织评估专家参与评估；③按照专家和专家库管理相关规定，对一般性评估项目可采取随机抽取方式确定评估专家，对技术性和专业性要求比较高的项目，可采取指定或民选方式决定评估专家。

（2）评估专家遴选机制。评估专家抽取经过有关部门认定后方可开展相关评估工作。在评估专家遴选中，优先选择行业内专家，如行业内专家不能满足需要，可选择相关性类型专家，以此类推，直至选择出满足需要的所有专家为止。在抽取机制设计中要遵循回避原则，避免与项目存在利益关系的评估专家参与，同一专家不得参加由不同单位组织的同一项目、同一环节的评审，以此避免评估结论不客观与不公正。如被抽中的评估专家因故不能参加评估活动，应采取弃用补差方法对弃用人数进行定额补充。如有被连续抽中的专家，应上报给有关部门或领导，审批后才能开展工作或重新抽取。

（三）评估专家考核管理

评估专家考核管理是对社会稳定风险项目评估工作完成之后，对评估专家能力和业绩进行考评，定期对其资质进行综合考核。评估专家考核指标主要包括评估专家参与项目评估的出勤情况、评估行为、评估质量和社会影响度等。评估机构根据事实和数据对评估专家履职尽责等情况进行综合考评，考核以年为固定周期，遵循周密考核程序，考核结果向专家和专家所在单位进行双通报。评估结论分为称职和不称职两大类，对履职尽责、表现优秀的给予表彰奖励，对诚信不佳和无故长期不参加评估工作的，采取淘汰措施，随时进行调整，直至取消专家资格，并在相关网站公布。

（四）评估专家动态管理

评估专家动态管理主要是指实行评估专家一般任期3年届满经过全面考核后称职者方可续聘的管理制度，如存在着以下情况，可按照相关程序对评估专家进行约谈、警示，直至终止评估资格。①因身体状况或工作变动等不再胜任评估工作的；②不服从管理或不履行职责，产生不良社会影响的；③不遵守专家回避制度或与受指派任务存在利益关系，影响了评估客观公正性的；④泄露政治秘密、商业秘密或其他不宜公开情况的；⑤以权谋私，违反职业道德和科学原则，不能客观、公正履行职责，有意作出有失公正或错误意见结论的；⑥不按规定评估私自从事其他活动造成恶劣影响的，以及其他需要取消评估资质情形的。

五、评估专家资质应然性条件

高素质和专业化社会稳定风险评估专家队伍对提升社会稳定风险评估的科学性、专业性、公正性和权威性，对实现科学民主决策和依法决策具有重要意义。从现有研究成果看，评估专家资质应然性条件包括如下内容。

（一）政治性条件

政治性条件是社会稳定风险评估事业良性运行的根本保障，是保持评估工作的先进性和纯洁性、提高评估工作的创造力和凝聚力的核心条件。评估专家政治性条件主要集中表现为具有中华人民共和国国籍，拥护中国共产党的领导，拥护党的理论、路线、方针、政策，坚持习近平新时代中国特色社会主义思想，坚持原则、遵纪守法、作风正派、廉洁自律、品行端正，无违法犯罪记录，未受到过党纪政纪处分。

（二）身体性条件

从事社会稳定风险评估事业是光荣的，评估专家需要有坚定的政治立场和良好的专业素养，而健康的身体是革命本钱，是从事社会稳定风险评估事业的基础。一般而言，评估专家的身体性条件包括：年龄一般在65周岁以下，身体健康，热爱社会稳定风险评估工作，有时间和精力完成相关工作。当然，对一些重大和技术性要求较高的评估项目，可适当放宽评估专家的年龄限制。

（三）专业性条件

作为一种旨在解决社会稳定专门性问题的评估活动，专家咨询的专业性至关重要。专家是开展咨询的主体，专家的专业性决定着咨询的专业性、客观性、科学性和权威性。评估专家的专业性条件包括：①社会稳定涉及问题较为复杂，只有在该专业内具有较高专业能力的专家才能胜任，评估专家应具备相关的专业知识和从业经验，熟悉学科发展前沿，可为评估工作提供必要的理论论证；②咨询专业性，除了考虑评估专家的学术专长外，还应考虑评估活动自身对专家评价水平的要求与保障①。

专业性条件还可区分为：①作为常规性评估的专家咨询或纳入咨询专家库的专家咨询，只要符合标准就应该成为评估专家，此标准为一般性条件，准入门槛较低，主要是为了迎合评估工作的广泛应用性和保障专家数量的充足性，不断满足社会稳定风险评估事业增长的需要；②项目性的评估专家标准，不同社会稳定风险评估所涉及的专门性问题复杂多样，对评估专家的专业性要求不尽相同，高层次评估可能需要更为专业性、权威性的评估专家，较为简单的评估项目只需一般性咨询专家即可，此标准实现了政策制度原则性与评估实践灵活性的有机融合，更加注重专家的专业性和专门性的匹配与合理应用。

在社会稳定风险评估实践中，可以设定最低的专业技术支撑、研究成果和兼职性要求，如评估专家可以是博士、讲师，或有从事兼职 2~3 年实践工作经验的评估专家。考虑到不同区域和行业的差异性，各地可根据人才储备情况，灵活确定评估专家的资质要求。需要指出的是，评估专家的职称高低并不是影响咨询专业性的唯一因素，只要咨询专家的职称与当地社会稳定风险评估需求相匹配，就能保障和实现评估专家咨询的专业性，既突出评估专家学术成果的重要性，又突出评估专家对社会的积极影响。有的高级职称评估专家可能脱离社会稳定风险评估实践，而有的高级职称专家本身是行政领导，他们的工作优势是行政工作而非专业性的政策咨询和政策评估，有必要改革职称评审与鉴定制度。

（四）伦理性条件

评估问题是涉及社会稳定风险的学术性问题，但评估专家咨询意见的影响不止局限于学术领域，专家评估意见会对各方主体利益产生极大的影响。因此，除了评估专家的专业性要求外，还对其职业素养和伦理道德提出了更高的要求，无论面对利益诱惑还是人身危险，评估专家都应做到坚持咨询价值中立与客观公正，从而获得社会公众的拥护。评估专家伦理性条件可分为

---

① 马晓光，连燕华，沈全锋，等. 同行评议中专家识别研究 [J]. 研究与发展管理，2003（3）：68-72.

学术性伦理和咨询性伦理。学术性伦理是指评估专家在咨询中表现出的高度责任感与使命感，遵守共同的学术伦理规范，自觉遵循社会稳定风险评估领域中科学研究共同体所秉持的学术原则，对违反学术规范的行为质疑，并予以纠偏；咨询性伦理是指严格遵守评估专家咨询的程序性和实体性规则，按照咨询程序和社会诉求，对待解决的社会稳定风险专门性问题从专业性和技术性角度提出专业化意见与建议。

（五）权利与义务性条件

（1）评估专家的权利。①信息获取权。评估专家有针对咨询问题查阅文件资料和调查研究的信息获取权。②独立评审权与表决权。评估专家对所负责的评估事项享有独立评审权与表决权。③救济权。评估专家在评估过程中若发现有徇私舞弊行为，有权向党委、政法委或有关部门反映。④劳动报酬权。评估专家有权获得与其劳动付出相一致的经济收入权利。⑤其他权。法律法规和政策规章赋予的其他权利。

（2）评估专家义务。①评估专家应严格遵守国家法律法规、政策制度和行业管理规则；②评估专家应进行客观、公正、真实和可信的政策评估，对评估结论负责；③评估专家应严格遵守工作秘密，按要求签订保密协议，未经许可不得泄密；④评估专家应自觉接受党委、政法和政府部门的管理，积极参加有关社会稳定风险评估的评审、评估、培训和其他活动；⑤评估专家应主动回避与其有着利害关系或其他可能影响评估公正性的评估活动；⑥未经许可，评估专家不得利用专家库成员名义从事营利性活动；⑦评估专家应自觉接受纪检监察部门和社会方面的监督；⑧评估专家依约定应履行的其他义务；⑨评估专家应承担起相应责任，承担责任的方式包括取消资格、专家库除名、警告、通报和追究法律责任。但总体而言，现阶段对专家责任制度具体内容的认识较为模糊。专家责任制度的缺失会让专家参与重大决策活动的效果对其自身利益没有任何影响，必然造成专家咨询随意性大、专家思想被决策机关或利益集团的意志左右的不良后果。①

---

① 张忠. 专家参与行政决策的功能及其实现 [J]. 理论月刊，2013（2）：116-120.

第五章

社会稳定风险评估的专家资质优化研究

评估专家的专业水平、职业道德、执业水平等综合水平决定着社会稳定风险评估工作的科学性、权威性、合理性和公平性。不可否认的是，部分专家存在水平不高、职业道德自律意识较弱、法律意识淡薄和专业评估能力不强等问题，时常引发社会稳定风险评估质量不高的问题。因此，建立一支素质高、能力强、责任感强、业务熟练和口碑佳的评估专家队伍刻不容缓。

一、实证调查介绍

（一）对象与方法

本研究选取了 32 名重庆市社会稳定风险评估专家（2021—2024 年度），评估专家选取条件：①职称为副高及以上学历；②从事社会稳定风险评估工作 3 年以上；③具有研究生以上学历；④对本研究有兴趣且配合意愿较强。

（二）研究工具

基于研究需要，参照重庆市社会稳定风险评估专家聘用条件，选取了自身性条件、专业性条件、伦理性条件等作为调查问卷的设计维度。问卷内容主要包括致信专家、向专家介绍研究任务、问卷说明及填写要求。问卷正文主要包括 3 道开放式问题：您认为成为社会稳定风险评估专家的自身性条件是什么？您认为成为社会稳定风险评估专家的专业性条件是什么？您认为成为社会稳定风险评估专家的伦理性条件是什么？

（三）调查统计

统计处理。本次调查采取 Microsoft Excel 数据库和 SPSS 16.0 软件对相关情况及预测结果进行统计性描述与统计性判断。调查选择了 A 校——一所办学水平较高、规模较大的综合性大学，B 校——一所办学水平一般，规模一般的大学，C 校——一所办学排名靠后、规模较小的学院。问卷发放及回收人数统计情况如表 5-1 所示。

表 5-1　调查问卷统计数据

	A 校	B 校	C 校	合计
发放数	20	8	4	32
回收数	20	8	3	31
有效数	100%	100%	75%	96.8%

（四）差异性分析

专家得分的差异性分析如表 5-2 所示。

表 5-2　专家得分的差异性分析

维　度	专家样本			T 值	P 值	显著性
	平均数	标准差	样本数			
自身性条件	33.7047	2.95888	32	−2.99532	0.00302	差异显著
专业性条件	28.8519	4.0734	32	1.98483	0.05581	差异不显著
伦理性条件	35.6567	3.79271	32	−0.69438	0.49165	差异不显著

从上述三个维度对应的差异性分析看，专家们对专业性条件和伦理性条件的看法一致，体现为差异不显著，但对自身性条件的看法不尽相同，呈现差异显著性。

专家对自身性条件规定的认同度不高。从问卷数据分析看，专家有关认同度的 P 值 0.00302<0.05，说明专家对此维度认同度呈现差异显著性，A 校专家的得分值 30.84 分，比 B、C 两校专家的得分值都低，说明办学层次越高，学校的专家对自身性条件的认同度越低，也说明有关专家的自身性条件设置门槛过低，需要适时进行调整。

专家对专业性条件规定的看法具有一定的趋同性。从问卷调查数据看，P 值 0.05581>0.05，说明 A、B、C 三高校专家对此看法差异不显著，同时由于 P 值接近 0.05，说明他们的看法差异尽管不显著，但有着接近显著性差异的边缘值，充分说明不同层次的高校专家的专业素养和专业能力存在区别。

专家对伦理性条件的看法较为一致。从问卷数据看，P 值为 0.49165>0.05，说明专家看法的差异不显著，说明专家对伦理性条件的看法并无异议性，专家资质要设置政治规则、职业道德和伦理规范等条件。

研究还对 A、B、C 三所高校的专家进行了深度访谈，并试图从个案的角度找到社会稳定风险评估专家资质的现状和发展方向的一般性规律。

二、评估专家资质现状分析

(一) 评估专家在专业知识、法律知识等方面的短板

评估专家数量不足与评估质量不高。评估专家数量不足和评估质量不高已经不能适应目前社会稳定风险评估发展的需要，尤其是对重大项目的评估，往往只能抽取一般性专家或类似行业性专家进行评估，造成了评估结果不够准确，社会质疑和投诉现象时常存在，甚至对簿公堂的后果。政府管理部门没有有效进行评估专家的补充，缺乏动态递补机制，各种利益关联和负和博弈风险加大，大大影响了评估质量。

从专业性条件看，评估专家资质有从事相关领域工作年限、具有高级职称或具有同等专业性的规定，但是在部门具体审核中，对年龄条件和职称条件比较容易鉴定，而对专业性水平缺乏足够的定量与定性考核指标，导致部分专家滥竽充数，个别专家取得聘用资格之后甚至没有进行过一次评估；从专业性评估看，现代专业分工越来越细，对评估专家的要求越来越高，尤其是在一些技术性项目政策评估中，涉及公安、工商、财政、维稳、信访等众多公共部门，部分评估专家对这些部门的政策、法律和技术性要求知之甚少，对评估程序、评估内容、评估规则，以及对评估纪律和法律责任等缺乏全面的了解，凸显出专业性、知识性缺乏的短板。

（二）评估专家缺乏内生动力

专家一旦获得评估资格后，只要身体条件允许，任职可达到 65 岁，有些可达到 70 岁，无形中出现专家终身制，只要没有大的过错，就可以继续做专家。尽管有些地方有 3 年任期，但是任期规则多是一些原则性规定，任期制形同虚设，导致部分评估专家不思进取，以不变应万变，对评估政策变化漠不关心，对新知识、新技术和社会环境变化反应迟滞，不能适应社会稳定风险评估事业发展的需要。

（三）评估专家缺乏职业自律和严谨的态度

在评估实践中，一些评估专家对评估文本不进行认真研读，不仔细审查调查数据，不注重民意，对评估不负责任，敷衍了事，不提出建设性建议。有一些评估专家思想散漫，迎合政府部门和上级进行评估，还有一些专家甚至接受宴请和请托，这种现象在原本存在着最为突出矛盾的房屋拆迁项目评估中尤为多见，评估很少出现高风险等级，专家的利益化评估价值取向明显。

（四）专家资质界定不规范

评估专家隶属不同组织，他们广泛分散在高校、科研机构、政府部门、第三部门、企业之中，评估属于专家的兼职行为，专家与评估组织无直接隶属关系，评估组织较难对他们进行约束性管理。评估质量既不影响专家在单位的行政职务，也不直接左右职称评定，就这容易导致部分评估专家放任自流，降低职业道德修养；有些评估活动约束机制缺失，评估活动属于有权无责的活动，即使有一些义务和责任性规定，也只是一些宏观方面的，缺乏具有操作性的考核机制和约束机制。因此，部分评估专家从狭隘利益出发，有利就评估，有利就给随意性结论，这种情况实际上说明评估专家掌握"生杀大权"，但无须承担相应的责任。评估专家有权利无义务，权利和义务明显不对等会导致有些评估专家往往用评估的狭隘利益性取代道德标准和公开公平公正的评估底线，即使有违规违纪，也几乎不会受到任何警示，更不会取消评估专家资格和追究法律责任。当前，评估专家资质体系有关评估专家的业务水平、工作能力、工作业绩和诚信体系等缺乏可量化和操作化的考核，不利于客观反映评估专家资质的属性，难以遴选出理论修养高、政治素质高、能力本领强、有担当和作为、工作作风好、廉洁自律的评估专家，也不利于提升社会稳定风险评估效率与质量。

（五）管理部门监督不力

（1）激励机制缺失。一些评估专家管理办法中有关评估专家从业行为的规定要求，管理部门每3年检查评估专家资质和不断进行人员准入更替，但是由于种种原因，更替不及时，有些地方为5年一更替，有些地方自从有评估专家以来还没有再更替过，出口不通畅。奖惩不分明，虽有对评估专家处罚的政策规定，但是连最低的通报批评都没有，更无曝光的处罚。而一些认真负责、有担当的评估专家得不到应有的奖励，甚至还会招致评估各方反对，长此以往，一些评估专家就难以"久经考验"。

（2）培训机制缺失。评估专家难以明晰自身的权利与义务，部分评估专家成为专家库成员后就拥有评估资格甚至是永久资格，他们不再学习有关社会稳定风险评估评审专家等的法律法规，法律规则意识淡薄，缺乏创新思维和有效的工作方法。从培训看，部分相关部门对专家只是对相关法律法规进行一些短暂性的培训，培训缺乏系统性与针对性，因此，有些导致评估专家对社会稳定风险评估管理不熟悉，对自身拥有的权利与需承担的义务也漠然，难以做到依法评估和有效评估。

（3）管理针对性不足。政府对评估专家的管理常常处于两难境地，如果对评估专家资质要求过高，就没有人愿意进入专家库，毕竟评估工作大多是兼职工作，收入不高，还要接受严格的管理；如果对评估专家资质要求过低，就会缺乏有效的管理机制，单靠评估专家的道德与经验去评估，与依法评估相去甚远。同时，缺乏对评估专家针对性、专业性、能力性和诚信性等方面的考核。

（4）责任机制缺失。专家责任制度的缺失主要是指参与重大行政决策的专家在论证过程中承担责任的情形、类型、方式，以及追究专家责任的主体、程序等内容缺少系统化规定①。从现行制度规定看，评估专家的专家库信息基础设施保护、专家信息安全审查、专家数据跨境流动、专家个人信息安全，以及平台安全保障等建设尚无明显进展，加上部门业务之间彼此独立，部门之间信息碎片化严重，无法用大数据对评估专家集中管理，导致决策具有滞后性，评估不合理和决策完全不一致的现象时有发生。

三、优化社会稳定风险评估专家资质的对策

（一）完善社会稳定风险评估专家资质的制度设计

构建与健全行政决策专家咨询制度，首要任务是优化社会稳定风险评估专家资质的制度设计。①制定社会稳定风险评估专家资质制度规范，对专家界定、聘任条件、选聘程序、专家管理、退出机制等予以明确规范，以制度促规范评估，以规范流程促优化，以专家责任强担当，全面强化专家队伍管理和建设，确保评估结果的科学性、权威性。②逐步建立以社会稳定风险专家资质规范化为引领和地方性标准为补充的评估专家资质政策体系，逐步改变基本规范缺位、地方性规范混杂的局面，为行政决策专家咨询提供健全的制度保障。③明确评估专家的权利和义务。目前，评估专家的自由裁量权普

---

① 郑兴宇，张倩茜. 重大行政决策专家咨询制度的困境与突围［J］. 贵阳市委党校学报，2016（4）：38-41.

遍过大，主观价值判断影响较大，只要未出现重大原则性失误，很难对他们进行评价，尽管有一些对评估专家权利义务方面的规定，但权利规定甚多，义务规定过少。想要避免评估专家失职，既要明确其权利又要突出其义务，评估专家要认真遵守法律法规的规定，严守秘密、廉洁自律、客观、公正、公平，作出专业性、科学性判断，并承担相应的责任。④要落实好回避机制，评估专家每年应向有关管理部门如实申报个人情况，如单位任职、家庭、主要社会关系和经济收入等情况，应当回避的坚决回避。

（二）改进评估专家遴选机制

目前，政府部门在遴选评估专家方面有着较大自由裁量权，而自由裁量权过大会导致专家遴选过程封闭，影响遴选的透明性和公正性，为了保障评估工作有效进行，需要改进与完善评估专家遴选机制：①要注重遴选程序的公开公平，遴选内容与程序要广泛置于社会监督中，接受全方位全过程的社会监督，打消社会不必要的顾虑。②合理确定遴选评估专家人数，合理定位评估专家结构。一些地方限定遴选人数，一些地方没有限定人数，规定较为混乱。应根据评估项目实际情况确定评估专家人数，评估专家遴选人数既要能满足评估实际需要，又要为未来评估工作打下基础，保留一定的弹性空间。同时，合理定位评估专家结构也很重要，有什么样的结构就有什么样的功能，行政决策咨询是专业性评估，法律、经济、社会领域的评估专家应对行政决策作出合法性和合理性评估，促使决策科学、民主。③合理确定评估专家资质标准，对评估专家资质要尽可能作出具有操作性的设计，可设计基于政治条件、基本条件、业务条件、能力条件、职业道德条件和社会影响条件等维度的综合考量专家资质，为行政决策咨询遴选出真正德才兼备的评估专家。④可采取维稳办邀请、专家本人申请和单位推荐等方式遴选评估专家，如党政机关、企事业单位、科研院所、高等院校和社会组织等熟悉就业创业、社会保障、劳动关系、人事人才等业务的在职、退休干部和专家学者。未来还可逐步推动社会稳定风险评估专家智库与劳动能力鉴定专家库、专业技术人才专家库等的建设，实现资源共享，不断扩大专家范围，提供更为精准的咨询服务。

（三）提高评估专家底线思维和职业道德

评估专家底线思维和职业道德是社会稳定风险评估事业发展的基础，也是政府和社会监督的重要内容。评估专家监督既需要有法律制度的监督，更要有行业监督和建立自律机制。强化体系监督，增强评估专家的责任感、使命感和荣誉感，主要是为了提高他们的职业道德修养和使命担当，提升自身约束、自我监督和自身净化的能力，树立公平公正的评估价值取向，抵制各种社会利益的诱惑，筑牢法律底线和红线，在思想上构筑起牢不可破、防腐拒蚀的堤坝，从根本上杜绝社会稳定风险评估行为的逐利性和破坏性，依法依规开展评估活动。

（四）完善评估专家培训机制，提升业务水平与能力

随着新信息和新技术的不断涌现，社会发展和时代环境发生了深刻的变化，社会稳定风险评估也有了新任务和新要求。社会稳定风险评估应与时俱进，管理部门可采取线上方式，定期和不定期组织专家进行社会稳定风险评估知识的培训，考核合格的发放评估资质证书，持证上岗。培训可利用分析典型案例，提供警示教育活动，开阔评估专家的视野，提升他们的评估水准和能力。在培训过程，还应采取严格考核机制，对不参与培训和不按时按质完成培训的人员，可以采取进行通告、暂停评审，甚至清退等惩戒方式，最终形成必须经过培训和考试合格后方可继续参加评估活动的运行机制，确保评估专家及时更新知识，不断提高评估能力与水平。

（五）强化评估专家的执行机制，促进评估规范化

（1）构建动态管理机制。评估专家队伍是一种松散型组织结构体系，这给管理带来很大难度，需要不断强化评估专家的执行机制，促进评估专家管理的规范化与制度化。可建立评估专家的信用和能力档案，档案详细记录评估专家年度参与评估次数、培训和考核记录、评估社会影响、不良行为记录、被投诉次数、诉讼次数等情况，根据评估专家的综合表现作出优秀、称职和不称职的考评，以此作为续聘、解聘、取消评估专家资格的主要依据，就可

大大提高评估专家投入的积极性，减少人情评估，促使评估专家客观公正地履行职责。

（2）构建问责追究机制。要完善社会稳定评估制度规范，细化处罚规则，一旦出现违规、违纪、违法的评估行为，一经查实，应立即追究评估专家的责任，按照危害程度处以不同形式的处罚。评估专家作为第三方，要对评估方和评估对象负责，要及时有效回应社会公众的合理诉求，作出评估结论要有充足的依据、标准和理由，要能为评估行为作出合理解释和说明，要让社会公众不仅知其然还知其所以然，在评估中做到情、理、法有机结合。问责可采取如下几种方式。①约谈。如出现一次不称职和工作失误等情形，由监管部门对评估专家进行约谈或警告。②通报。经核实发现评估专家存在评估不端正、纪律要求不严和无故不参加评估等情形，要及时通报专家本人或其所在单位。③取消资格。对不能履行评估专家义务，不能胜任评标工作并经考核两次不称职等情形，取消其评估资格。④追究法律责任。有违规、违纪、违法行为，或徇私舞弊造成重大失误等情形，须追究评估专家相应的法律责任。⑤公开曝光。对违规、违纪、违法等情形，可在指定的政府信息媒体上公示和曝光评估专家，以儆效尤。

（3）严格考核机制。评估专家考核可分为日常考核和集中考核。日常考核的重点是：评估专家的专业水平和评估能力是否能够满足评估工作要求；评估专家是否熟悉、掌握社会稳定风险评估的法律法规制度；评估专家能否独立、负责地进行评估，并对结论承担相应的责任；评估专家是否有人情评估、倾向性评估、随意评估；评估专家是否能够主动回避与其有利害关系的评估；评估专家是否有违反法律、行政法规和规章制度的情形。集中考核的重点是：年末在日常考核的基础上对评估专家进行集中考核，考核结果作为决定续聘或通报批评、暂停和取消评估专家资格的依据。

（六）强化评估专家的配套机制

（1）建立评估专家声明机制。①评估专家在参加评估项目时，应声明其对该业务的熟悉程度。若评估专家不熟悉该评估项目业务，应及时采取递补措施，或采取权重值量化方法增加熟悉评估专家影响的权重值，这样可以降低不熟悉评估专家的影响力，可减少社会质疑与投诉；②评估专家还要告知其与评估相对方是否存在利害关系，在现有评估专家管理系统中，很难直接区分评估专家与评估相对方的利害关系，尽管回避制度导致重新组建评估专家可能会浪费管理资源，但总比评估结束后受到质疑与投诉，再重新评估的效果要好一些，因此，回避制度要坚持并不断创新与优化。

（2）建立行之有效的激励机制。评估专家是保障社会稳定风险评估有效进行的主体，多为兼职。如何整合资源，形成团队协同评估效力？构建行之有效的激励机制就显得尤为重要。①可对评估专家实施"星级晋升"管理机制，一些职业道德好、业务水平高、负责又担当的评估专家可逐渐升"星级"，"星级"高低与评估项目等级等挂钩，重大项目评估要有较高的"星级"；②示范交流，可组织专题交流会邀请资深评估专家介绍成果经验，还可请法律专家对违规、违纪、违法案例进行剖析，打造一支德才兼备、廉洁公正的评估专家队伍。

（七）强化信息共享

此举主要是解决评估专家信息管理的碎片化和分散化的问题，从而实现评估专家信息管理的互联共享，便于社会查询与实践应用。①构建评估专家信息系统。管理部门要对评估专家信息进行全面摸底，确认数据资源供需对接清单，全力以赴推进评估专家数据资源建设。②建立健全评估专家信息共享协调机制。要充分发挥管理部门的统筹协调作用，加强与政府其他部门的沟通对接，形成各部门齐抓共管的工作机制。③依法依规向社会开放有关评估专家库信息，优先向评估相对方等开放信息数据，实现评估专家信息数据输出的透明化。④适时推出网上评估模式，使得评审专家摆脱现实的桎梏，专心进行评估，提高评估效率，最大限度减少人为评估的影响，保证评标结果的准确性和公正性。

第六章

智库参与社会稳定风险评估的建设

世界正经历百年未有之大变局，我国发展面临着复杂多变的环境，新形势、新阶段和新格局对社会稳定风险评估的系统化与科学化提出了更高的要求，建立与新时代相适应的社会稳定风险评估体系，对智库来说面临着重大机遇和挑战。智库要充分发挥自身的专业性、独立性、科学性等评估优势，积极参与社会稳定风险评估活动，更要在评估实践中提升能力，着力提升评估质量，为政府决策提供科学的咨询。

一、提高系统谋划能力

智库参与社会稳定风险评估的价值主要体现在为政府提供决策评估和决策咨询，咨询论证是政策决策的重要环节，是政府决策科学化、民主化、法治化的重要手段，也是智库重要的社会职责和功能。决策评估主要包括社会稳定风险评估与决策实施效果评估。决策评估可对社会稳定风险评估进行全方位全周期的评估，主要以事前评估、事中评估和事后评估方式进行，达到实现防范和化解社会稳定风险的决策风险、实施效果评估的目标。当前，智库要在决策咨询工作的基础上，围绕四个方面进行决策评估：重点做好区域高质量发展、重点行业（产业）发展等区域发展评估；各级政府的干部绩效评估；直接关系人民群众切身利益且对社会稳定、公共安全可能造成较大影响的重大决策事项的决策风险评估；重要战略、发展规划、重点任务实施进程的风险评估。

二、优化智库的专业化能力

智库可以对社会稳定风险决策进行评估，熟悉该领域的发展状况，专业化与科学化特质突出，可以提出系统性、前瞻性、储备性的对策。智库应以参与、影响和服务政府决策为己任，熟知政府决策机制和工作思路，与政府展开密切合作。智库应以第三方视角，集政策咨询的科学、公正、专业于一体，体现决策评估的权威性、科学性、预见性和导向性。

三、提高智库的实证调查能力

社会稳定风险决策评估主要为政府决策的事前评估，对有关重大政策、重大举措、重大项目和重大活动进行决策事项的风险评估，评估维度主要包括社会稳定风险下合法性、合理性、可行性和可控性等。这就要求丰富实证调查方式，准确把握社会稳定风险的真实社情民意，可采取政策资料分享、问卷调查、访谈、民意测验、公示和听证会等多种调查方式，充分了解利益相关方的诉求，全面寻找社会稳定风险点，基于决策实施后对社会稳定的影响程度来确定不同的风险等级，最终形成风险评估结论、应急机制以及处置方案。

四、补齐智库发展的短板

为扩大社会稳定风险评估工作的范围，实现智库成果与经济社会发展相适应，客观体现人民群众的现实需求，智库还应与党政机关、群团组织、社会组织、专业机构等公共部门展开紧密合作，全方位参与政府决策。在评估实践中寻求发展契机，提升智库服务经济社会发展的能力与水准，摆脱部分智库不接地气和政策研究不深入的困境。

五、构建智库评估的科学指标体系

科学评估必须坚持创新、协调、绿色、开放、共享的新发展理念，以实现经济社会高质量发展为总目标，对社会稳定风险作出综合评估。因此，评价体系设计要高度契合实际与民意。从纵向看，评估体系要反映经济社会高质量发展的全周期评价，要涵盖即时、当期和中长期"三个时段"的进程，涵盖中央、省域、市域、县域和乡镇行政特质。从横向看，评估体系要反映经济社会高质量发展的全景式评价，要制定综合型、经济社会型和生态型"三大类别"的指数评价体系。评估要统筹过程与效果、客观与主观、指标与事件评价等矛盾，要统筹好政府、市场和社会"三个层面"的研究[①]。

---

① 周燕，肖军飞. 社会稳定风险评估理论与实务研究 ［M］. 北京：中国商务出版社，2022：121.

第七章

政府购买社会稳定风险评估服务的平台与机制

2004 年，四川遂宁市最早出现了政府购买社会稳定风险评估服务的实践。经过近 20 年的发展，政府购买社会稳定风险评估服务经历了点、线、面的地方性、区域性到全国性的应用推广，该项服务从顶层制度设计到制度执行已形成较为成熟而稳定的机制。在我国，政府购买社会稳定风险评估服务比较典型的有四川省遂宁市、上海市、江苏省淮安市，这些地方的政府购买社会稳定风险评估服务的模式具有普遍代表性，为政府购买评估服务理论研究与实践应用提供了有效的借鉴。

一、四川省遂宁市——政府购买社会稳定风险评估服务的开创者

政府购买社会稳定风险评估服务的萌芽。2004—2008 年，四川省遂宁市聘请一批专家学者对政府购买社会稳定风险评估服务进行了理论研讨，明确了理论研究的范式，构成了政府购买社会稳定风险评估服务的理论指导和政策规范。2005 年，四川省遂宁市推行重大工程的预测化解机制，后来，该机制被创新为五步工作法。四川省遂宁市的社会稳定风险评估制度逐步显现出

强烈的溢出效应，获得外界一致认可。2006 年，四川省遂宁市扩大社会稳定
风险评估试点工作，将重大工程的风险评估扩展到与社会公众切身利益相关
的政府决策项目中。2007 年，遂宁市制定社会稳定风险评估的流程规范，评
估由 5 个一级指标和 14 个二级指标构成。2008 年，四川省遂宁市颁布《重大
事项社会稳定风险评估综合评价办法》。社会稳定风险评估服务在四川省遂宁
市实现了萌芽、发展到系统性制度规范，为政府购买社会稳定风险评估服务
奠定了坚实的合理性合法性基础。

（1）政府购买社会稳定风险评估服务的探索。2009—2012 年为探索阶
段，这一阶段主要是对社会稳定风险评估机制进行实践探索与创新，在此基
础上规范了社会稳定风险评估的程序和流程、准确判断风险因素组成和规避
风险的一般性规律。四川省遂宁市还完善了在市、县（区）和乡镇三级的社
会稳定风险评估的领导机制，聘请专家学者组建专家库并参与社会稳定风险
评估，从本质看，这就是政府购买社会稳定风险评估服务。当然，由于社会
力量和第三方力量不强，独立性不高，政府主导社会稳定风险评估服务的特
征仍然突出，评估方案、流程、评估结果和评估实践应用都由政府主导，社
会力量和第三方多为形式参与，并不具有实质性影响和决定性作用，但这也
证明政府购买社会稳定风险评估服务走出关键的一步。

（2）政府购买社会稳定风险评估服务的实施。2013 年至今，四川省遂宁
市政府购买社会稳定风险评估服务的机制不断完善，专家人才库不断完善，
政府购买社会稳定风险评估服务的主体、范围、运营、权责、管理和评估等
相关制度与规范确立，在制度上保障了第三方参与评估的合法性、可行性、
专业性和独立性，政府购买社会稳定风险评估服务全面走向专业化、社会化、
市场化和法治化轨道。

二、上海市——政府购买社会稳定风险评估服务的标准化

上海市是我国发达地区，拥有雄厚的经济、政治和文化实力，又是行政
改革的试验田，政府购买社会稳定风险评估服务事业也走在前列。2009 年以
来，上海市试点社会稳定风险评估以来，在实践中构建了政府购买社会稳定

风险评估服务的标准化体系，通过放开准入门槛、规范收费、培育引导好行业协会和第三方的发展，推动第三方市场自我完善和发展，提高风险评估服务的效率和质量，以市场化手段推动政府购买社会稳定风险评估服务。

（1）重视制度设计。上海市制订了《社会稳定风险评估试点办法（试行）》（2009）和《上海市重点建设项目社会稳定风险评估篇章（报告）编制指南》（2011），规定项目制定单位或审批单位可以通过委托第三方组织或购买第三方服务进行社会稳定风险评估，第三方组织对项目的社会稳定风险进行评估和编制专业的评估报告。这些制度从技术层面对第三方组织参与社会稳定风险评估进行了规定，包括操作模式、评估范围以及报告编制等，这对当时刚接触社会稳定风险评估工作的第三方组织来说具有有效的指导和规范作用①。

（2）重视质量和效果。《上海市重点建设项目社会稳定风险评估篇章（报告）评价指南》（2011）规定了社会稳定风险评估的指标，评估报告编制的内容，对评估调查和评估程序进行了细致的规定。同时，该文件还指出评估规范体系也适用于第三方组织的社会稳定风险评估，突出了评估第三方组织参与社会稳定风险评估的"质量标准"，"质量标准"的审核是第三方组织参与社会风险评估的监督机制的重要内容。

（3）营造良好的市场环境。良好的市场环境是政府购买社会稳定风险评估服务的重要外部保障，规范的市场环境对第三方市场的长远发展有积极影响。2012年，上海市发布的《上海市重点建设项目社会稳定风险评估咨询服务收费暂行标准》，严格规定了政府购买社会稳定风险评估服务的资金运行规范，包括费用筹集方式、费用计算方式、财政预算等。为了凸显政策的实用性，还规定对不同的评估项目采取以系数为基准的付费方式，社会敏感性强和任务重的社会稳定风险评估项目指导费用为6万~50万元，环境资源类技术性较高的评估项目还可相应提高20%的费用。规范政府购买社会稳定风险评估服务的收费，有利于保障第三方的合法经济收益，确保第三方与购买主体目标的一致性。同时，规范收费还有利于社会稳定风险评估事业实现长期

---

① 王茹佳. 政府购买社会稳定风险评估服务的管理机制研究［D］. 杭州：浙江财经大学，2021.

和健康发展，避免第三方市场的恶性竞争。

三、江苏省淮安市——政府购买社会稳定风险评估服务的有益尝试

江苏省淮安市是经济欠发达地区，为了树立政府形象和维护社会稳定，2006 年，江苏省淮安市开始尝试将社会稳定风险评估工作纳入重大事项实施前的必备程序，这就开启了江苏省淮安市维护社会稳定模式的新尝试。

（1）有效的领导机制。江苏省淮安市建立了党委统一领导、党政齐抓共管、维护社会稳定的工作领导小组，其办公室负责指导协调、各职能部门纵向垂直领导、横向分工协作的组织领导体制和明确了评估标准和重点，规范了评估流程和建立了严格的问责制度①。

（2）第三方参与机制。江苏省淮安市最早提出第三方评估概念，以淮安政和社会稳定风险评估工作机构为代表的第三方，广泛参与到行政决策实践中，开创了我国第三方参与社会稳定风险评估的先河。在评估主体方面，江苏省淮安市积极吸引其他主体参与社会稳定风险评估，第三方市场迅猛发展；在第三方专业培训方面，江苏省淮安市维稳办等部门会在规定时期内开办社会稳定风险评估培训班，培训班内不仅有社会稳定风险评估专业的专家授课，对与社会稳定风险评估相关的政策制度进行系统培训，还会将理论与实践相结合进行具体的案例分析，并到第三方市场进行实地教学实践，以提高第三方工作人员的专业水平。

（3）多元化参与机制。江苏省淮安市广泛将相关利益主体置于社会稳定风险评估体系中，让更多人参与评估实践，以民意调查、社区听证、座谈会、暗访等方式让社会公众参与社会稳定风险评估活动，社会公众拥有最大的知情权、建议权。同时，江苏省淮安市重视社会稳定风险评估专家库建设，构建起市、区、县三级专家库，评估专家成为社会稳定风险评估的重要力量，在评估中发挥了专业咨询和建设性作用。

总之，从四川省遂宁市、上海市、江苏省淮安市的第三方参与社会稳定

---

① 王茹佳. 政府购买社会稳定风险评估服务的管理机制研究 [D]. 杭州：浙江财经大学，2021.

风险评估服务的实践看，引入第三方可以着力提升社会稳定风险评估服务的科学性、公平性和操作性，以社会稳定风险评估服务为手段促进优化重大行政决策和实现以人民为中心的公共政策价值导向。①从社会稳定风险评估服务模式选择看，坚持党委领导、政府主导、社会协同、公众参与和法治保障的体制机制，对第三方，党委和政府既要积极支持，又要依法承担起监督职责，才能使第三方积极发挥好社会稳定风险评估服务与协同职能，提高社会稳定风险评估能力，实现第三方稳慎有序参与；②基于主体视角分析，应区分清责任主体和执行主体，责任主体是指在社会稳定风险评估服务中遵循"属地管理、分级负责""谁决策、谁负责"原则，对重大行政决策的提出、起草、审批和实施等有决策权的政府职能部门，负责具体实施社会稳定风险评估的机构就是执行主体，执行主体主要是第三方；③基于客体视角分析，主要包括各类利益相关者，主要有政府、第三方、社会公众、新闻媒体、项目实施方等；④在社会稳定风险评估服务形式选择上，主要以信息交流、民意调查、公众会议、社区和网络论坛、协作参与、责任委托和授权决策等方式开展社会稳定风险评估服务活动。

四、政府购买社会稳定风险评估服务的主要框架

（一）政府购买社会稳定风险评估服务的相关主体

政府购买社会稳定风险评估服务是在整体性治理背景下政府职能的转变，优化政府与市场、政府与社会关系的治理模式创新，与传统政府治理模式不同的是，政府治理主体由单一主体向多元化主体转变，由直接向社会提供公共服务向社会和市场购买提供公共服务转变。多元化主体主要包括政府、社会组织（第三方）和社会公众，三大主体之间良性有序互动和协同是提升政府购买社会稳定风险评估服务质量的关键。在政府购买社会稳定风险评估服务中，三大主体的职责有所不同，政府作为购买主体，主要承担购买、管理、监督、评估等职责，社会组织（第三方）既是购买主体又是购买执行主体，由于重大公共问题决策涉及社会公众利益，需要对具有公共性和社会性的消

费主体——社会公众进行合理考量。

政府在国家政治体系中占据重要地位，政府主导着公共事务的治理和发展方向。《重大行政决策程序暂行条例》（2019）指出，有可能对社会稳定和公共安全等方面产生影响的公共决策，决策承办单位（政府部门）负责组织评估决策方案的风险程度，风险评估工作可通过一定方式委托专业机构或社会组织等第三方开展。在政府购买社会稳定风险评估服务的过程中，政府作为购买主体是决策承办单位，政府只有通过合法程序，按照规则向社会组织购买公共服务，才能开展有效的社会稳定风险评估。

在政府购买社会稳定风险评估服务中，政府既是购买主体，又是责任主体，负责制定评估制度、选择评估机构、提供购买资金，还应对社会组织（第三方）进行充分审核，包括第三方的背景、资质、能力、信誉等。政府一方面将部分公共服务权下放给第三方，以确保第三方能够独立、客观、公正进行评估。同时，政府承担一定的监管职责，了解第三方评估的动机和实践评估动向，合理引导第三方评估健康发展。政府的角色由"划桨者"向"掌舵者"转变，但仍然是整个评估活动的核心主体。政府作为购买主体和评估的责任主体，主导着第三方的选择、购买方式、购买资源投入和平衡各方利益等核心要务。因此，政府部门只有合理定位角色，才能统筹和规划好评估全局的工作，购买到优质的社会稳定风险评估服务。

社会稳定风险评估机构是社会稳定风险评估体系中的重要力量，它承接大量的社会稳定风险评估任务。社会稳定风险评估机构参与社会稳定风险评估工作最早可追溯到2003年，当时，国务院委托全国工商联对"非公经济36条"政策进行评估，全国工商联数次组织社会稳定风险评估机构进行评估，社会稳定风险评估机构的合法性、专业性逐步得到认同。随后，全国各地广泛开展政府购买社会稳定评估服务的实践，推动了评估工作的科学化、民主化、专业化、社会化和法治化。独立、专业和公正的社会稳定风险评估机构参与风险评估服务具有更强的说服力。社会稳定风险评估机构既是风险评估服务的供给者，又是风险评估服务的执行者，具有双重主体地位。为了规范社会稳定风险评估机构稳慎有序地开展工作，政府会以制度规则规范政府购买社会稳定风险评估服务和规范社会稳定风险评估市场健康发展。

社会稳定风险评估多是涉及社会公众利益的政府决策，维护好社会公众利益是政府购买社会稳定风险评估服务的使命与归宿。政府引入社会稳定风险评估机构进行评估也是为了预测风险、降低风险和规避风险，提升政府决策的可行性，以更为科学民主的决策发展社会经济和服务社会公众。因此，在社会稳定风险评估中要重视消费主体——社会公众的利益，政府和社会稳定风险评估机构要明确社会公众利益在风险评估中极为重要，要保障社会公众对评估信息的知情权，尊重社会公众的表达权，实现社会公众利益的优先保障权，充分利用好各种宣传渠道，主动引导社会公众参与评估实践。

（二）政府购买社会稳定风险评估服务的相关机制

（1）购买机制。《政府购买服务管理办法》（2015）对政府向社会力量购买服务的机制和管理流程等关键要素都提出了原则性要求，解决了"向谁买"的问题，规定提出可以使用招标、询价等方式委托专业机构或社会组织等作为第三方开展社会稳定风险评估工作。首先，确保第三方的独立性，只有独立于政府之外的第三方才能进行客观、公正、专业的评估，保证评估结果的科学性，如果依附于政府部门，仍然是政府主导评估，评估结果难以做到客观公正；其次，明确政府与第三方之间的权责关系是建立购买机制的关键，第三方评估工作要全过程接受政府和社会的监督与问责，这就要求第三方有良好的资质与评估实力，如果第三方过少，资质和评估实力不过关，就难以通过招标、询价等方式遴选优质的第三方，且会造成第三方与政府之间的权责不明晰，评估结果容易受到社会公众质疑；最后，第三方的专业化服务水平取决于其内部的治理能力和第三方人员的专业化能力，还包括行业内部的市场竞争机制的完善程度。只有建立严格的行业准入机制和监督机制，才能提升第三方的专业化服务水平，政府才能购买到高质量的社会风险评估服务。

（2）管理机制。这主要回答的是"向谁买"的问题。在进行评估工作前，政府要以合同等契约形式与第三方约定评估事宜，合同就成为政府与第三方合作的前提和维护双方权利义务的最主要的制度保障，合同应明晰政府购买社会稳定风险评估服务的内容，明晰相关方的权利与义务，明晰规避风险的纠错机制。根据《政府购买服务管理办法》（2015）中的相关规定，政府购买社会稳定风险评估服务的合同构成要件包括：①购买主体的名称、地址和法定代理人等相关信息；②承接机构的名称、地址、法定代表人和资源等相关信息；③评估相关事项与要求；④相关方的权利和义务；⑤评估费用和经费管理；⑥保密内容；⑦合同的终止与解除的要件；⑧责任构成与分解；⑨其他事项。合同是管理机制中最重要的一环，评估前期、中期和后期都要以合同为管理的标准，通过具有法律效力的合同明确政府和第三方的权责，约束和监督双方的行为，确保整个评估程序和内容的合法性，做到依法依规评估。

（3）监督机制。这主要回答的是"如何管"的问题。政府有责任对承接主体进行监督，监督贯穿于整个购买流程之中，第三方资质、能力、评估过程和评估结果都应置于严密的监督体系中。从各地实践看，政府对第三方监督采取了积分量化监督制和黑名单监督制。积分量化监督制是政府以第三方在评估实践中获取积分为基础，以得分制进行累计评分，根据总积分划分为不同等级，总积分和等级可作为政府购买社会稳定风险评估服务的主要依据；黑名单监督制在基于积分量化监督制的基础上对积分较低或未达标的第三方进行亮黄牌、红牌的监管制度，根据不同情况给予警告、通报、取消资格等不同惩戒。黑名单监督制能有效理顺政府与第三方的关系，政府按照规章制度监督第三方，促使第三方提升评估水平和按照规范进行评估工作，不断升级的监督机制还可进一步促进政府购买社会稳定风险评估服务模式的整体优化，形成公平、有序、有效的社会稳定风险评估服务体系。

（4）责任机制。政府购买社会稳定风险评估服务是一项责任工程，若出现违法违规情形，各方要承担相应法律责任和接受惩罚。若第三方出现违法或评估失误，要对第三方进行责任的认定和追究。政府追究第三方评估机构的责任，包括法律责任、经济责任和社会责任。政府应建立相应的责任追究机制，将责任机制和负面清单考核相结合，确保第三方能够积极承担评估工作。

（5）评估机制。评估是推动政府规范购买社会稳定风险评估服务与提升服务质量的关键环节，需要突出创新性与精细化的要求。评估指标是评估工作的基础，规范和有效的标准化评估指标体系是考验评估工作的关键。基于对文献的梳理和政策研究，可将客观性、科学性、民主性和绩效性作为评估社会稳定风险评估服务的核心指标体系。①客观性，要求社会稳定风险评估服务以真实的信息、可靠的资料和事实设计评估标准，做到实事求是。客观性主要对应第三方的独立性，只有真正独立于政府之外的第三方，才能开展评估工作，保证社会稳定风险评估过程的客观。政府购买社会稳定风险评估服务要成立评估统一领导小组，小组成员应充分吸收专家学者和专家库成员，充分体现第三方的人事独立性。②科学性，在政府购买社会稳定风险评估服务中，坚持评估的科学性尤为重要。科学性主要体现在三个方面：人事专业性，社会稳定风险评估专家库建设要能够充分体现专业意见和建议的重要性，专业化要素注入会极大推动社会稳定风险评估服务的科学性；培训专业性，定期开展社会稳定风险评估的专业培训，对与社会稳定风险评估相关的法律、政策、制度进行学习，利用案例分析和实地调研相结合的培训方式提升第三方人员的专业水平，提升第三方社会稳定风险评估服务的科学性；服务标准规范性，树立评估服务的"质量标准"，将"质量标准"作为管理和监督的标准。③民主性，要提升社会主体参与度，尤其要重视各类专家和社会民众的参与，运用多种方式提意见，可通过进行民意调查、社区参与、听证会与专家评审等方式增强社会稳定风险评估工作的民意基础，畅通民意传播渠道，创新社会的利益诉求表达途径，提升政府购买社会稳定风险评估服务的满意度和可信度。④绩效性，政府购买社会稳定风险评估服务的主要目的是实现专业机构的专业人员做专业的事，得出精准的评估结果，精准预测某项政策或项目可能出现的风险，规避和降低风险，以此维护社会稳定，这就要求第三方机构要有良好的专业评估能力，对防范和化解社会风险、有效维护社会稳定作出专业性判断。

五、政府购买社会稳定风险评估服务机制的理论逻辑

政府购买社会稳定风险评估服务影响众多的目标群体，包括制定和实施重大决策的政府部门，受重大决策直接或间接影响的社会公众、企业和基层政府组织，以及有可能受影响的媒体、专家、专业机构、围观者（网民）等。

本书将从理论角度探索政府、第三方、社会公众、专家、新闻媒体在社会稳定风险评估服务中各自的价值动机、利益诉求、角色定位等各种问题。

（一）政府：政治维稳的逻辑

政府是购买社会稳定风险评估服务的主要决策者和执行者。各级政府尤其是地方政府面临着发展经济与维护社会稳定的双重压力，既要促进经济发展，又要完成维稳任务，且维稳作为自上而下的一票否决的考核指标，作为政府管理者，要想突出政绩，主要有两种渠道：一是以经济建设、GDP 增长为主导的"政绩锦标赛"；二是以维护社会稳定、安全生产、信访等为主的"一票否决"。前者属于正向激励，在于发现领先者；后者属于负向激励，在于淘汰落后者[①]。经济建设是共性任务，而维稳则不同，它受到外部环境因素和内部因素的双重影响。因此，各级地方党政主要领导特别重视社会稳定风险评估工作，将社会稳定风险评估考核纳入正常工作机制[②]。由此，凡是有可能引发与社会公众利益相关的重大决策都要进行社会稳定风险评估，社会稳定风险评估是重大决策和政策实施的前置条件与刚性门槛，它可从源头上预防和控制社会稳定，促进决策的科学化，增强治国理政的合法性和合理性。从治理创新看，开展社会稳定风险评估服务作为社会治理的创新模式，可以有效分散责任和控制风险。从组织构建看，各地政府部门依托综治、维稳办都建立了"社会稳定风险评估办"。"社会稳定风险评估办"有专职和兼职的社会稳定风险评估员，社会稳定风险评估服务一直延伸和影响到基层治理。从治理事务看，社会稳定风险评估融入行政审批事务中，但凡民生利益、环境保护、工程建设等项目必须得到政府部门的审批，社会稳定风险评估作为审批的先决条件，政府部门会以政策安排推进社会稳定风险评估服务的制度化。

---

① 郦水清，陈科霖，田传浩. 中国的地方官员何以晋升：激励与选择［J］. 甘肃行政学院学报，2017（3）：4-17.

② 钟宗炬，张海波. 重大决策社会稳定风险评估制度发展的三重逻辑——基于江苏省的个案分析［J］. 公共管理学报，2022（1）：13-26.

（二）第三方：收益最大化的逻辑

第三方作为社会稳定风险评估服务的市场主体，关注焦点在于以最小投入获得最大经济回报，能否实现收益最大化是其开展社会稳定风险评估服务的理性价值追求和内在动力。第三方可通过三种方式实现收益最大化。①按价开展社会稳定风险评估，第三方在成为社会稳定风险评估服务主体后，会评估其收益情况，当收益空间比较大时，第三方就会投入更多资源开展高质量的评估，反之则会压缩工作量、减少资源投入。②扩大社会稳定风险评估业务，第三方作为营利性市场主体，不断扩大社会稳定风险评估业务是实现利益最大化的重要保障，通常会采用竞争、创新和减少交易成本等手段。竞争是以提升项目价格和项目质量来树立企业品牌形象和扩大社会稳定风险评估业务；创新是第三方通过在评估标准、评估案例集、数据库等方面创新以提高其行业竞争力，减少交易成本、节省交易资源和扩大社会影响来提升市场占有率。③行业自律，很多第三方是从房屋评估、土地评估、项目评估、工程评估等行业脱离出来的，其专业和内在竞争力并不强，加之缺乏必要的内部约束，第三方会尝试通过行业自律来引导自身发展，提升竞争力。需要指出的是，第三方参与社会稳定风险评估服务的最大优势在于专业性和独立性，因此，第三方既要实现自身利益最大化，又要降低社会稳定风险评估成本，构成第三方参与社会稳定风险评估服务的行动逻辑。

（三）社会公众：社会稳定风险评估服务感知与诉求表达的逻辑

社会稳定风险评估服务感知。作为民意的发源地和风险的策源地，社会公众理应成为社会稳定风险评估服务的主体，这是政府购买社会稳定风险评估服务赖以生存和发展的生命线。社会稳定风险为综合性的社会性问题，它的引发因素是多方面的，可能由于重大决策本身在科学性上导致的不确定性，也可能由于社会公众不知情等因素[①]。从社会治理角度看，社会公众往往基于

---

① 许传玺，成协中. 重大决策社会稳定风险评估的制度反思与理论建构 [J]. 北京社会科学，2013（3）：87-93.

经验、情感和利益因素去判断重大决策的影响，社会公众由于价值理念、利益选择、社会地位、教育水平等不同，对重大决策的感知度也不同，对特定社会稳定风险的感知程度也是有差异性的。因为许多影响社会稳定的风险因素之所以最终演化为严重的社会冲突，并非由于现实的风险巨大而难以遏止和化解，而在很大程度上源于不同利益相关者风险感知的差异性，以及由这种差异性导致的风险应对行为①。

重大决策尤其是一些与社会公众利益相关的项目，如邻避项目、土地征收、房屋搬迁等，这些项目实施一定程度上可以实现整体性公共利益，但有时会损害特定群体的合法权益。社会稳定风险评估是社会公众参与的重要渠道，社会公众通过座谈会、听证会、个别访谈、问卷调查等形式表达其利益诉求和政策建议，进而对最终的决策施加影响。这种机制可以有效地将以社会公众为代表的社会力量导入决策体系之中，社会公众就有了表达诉求和维护权利的机会②。

（四）专家：客观建构主义的逻辑

《重大行政决策程序暂行条例》（2019）指出，在开展专业性、技术性较强的决策事项时，需要进行专家论证的，应当组织论证其必要性、科学性。这说明专家论证是社会稳定风险评估服务的前置条件。随着社会稳定问题复杂，治理难度越趋困难，而拥有专业性知识的评估专家能有效搜集信息、处理数据、设计方案、科学论证，增强决策的科学性与权威性。专家论证与风险调研、风险分析、风险等级确定和社会稳定风险评估报告评审等共同组成了必备的社会稳定风险评估程序与内容。专家论证主要有两种：一是作为政府层面的社会稳定风险评估专家，为政府决策提供专业性咨询，服务行政决策；二是向公众提供社会稳定风险评估方面的专业性教育，宣传社会稳定风险评估的重要性、指标、方式与影响等内容，以此来影响公众对风险的认知

---

① 黄杰，朱正威，王琼. 风险感知与我国社会稳定风险评估机制的健全 [J]. 西安交通大学学报（社会科学版），2015（2）：1-8.
② 张玉磊，朱德米. 重大决策社会稳定风险评估中的利益相关者参与：行动逻辑与模式构建 [J]. 上海行政学院学报，2018（5）：70-81.

091

和行为偏好。相对而言，专家往往以第一种形式出现于社会稳定风险评估服务中，这种方式能最为直接地发挥其最大的社会效应，而向公众普及社会稳定风险评估教育，难度大，周期长，往往需要政府部门主导才能完成，评估专家缺乏动力与条件保障。

专家以客观与理性立场开展社会稳定风险评估服务，奉行理性主义逻辑，专家的专业性和中立性才能保证社会稳定风险评估结论的客观性。专家要摆脱利益的桎梏，充分发挥其中立、专业等优势，依法、科学、负责任地得出评估结论和提出行之有效的对策。在组织"建构式"风险沟通中，评估机构应尽可能保持观察员和记录员的姿态，减少价值输出，避免自身带有倾向性的观点影响到建构过程①。

（五）新闻媒体：社会稳定风险评估教育与社会沟通的逻辑

在我国，新闻媒体是政府与公众进行良性沟通的有效工具与媒介，既是政府与公众沟通的桥梁，又是社会稳定风险评估沟通的重要主体，有利于形成对社会稳定风险评估服务的正确认识和形成规避风险的社会认同力和协同力。风险社会理论认为，信息机制和反应机制在风险社会放大过程中能发挥主要作用，而新闻媒体就是社会放大站的重要一环。新闻媒体可以加工风险信息，放大、缩小或者客观反映风险信息。这就决定着新闻媒体对决策问题形塑的立场、态度等思想将直接影响决策者及大众的思想和行为选择。同时，官方舆论场域与民间舆论场域在风险沟通中的议题聚焦、议程安排既有很大差异，又有较强的互补性，具备建构的需求和基础。媒体应以高度的社会责任和过硬的专业性赢得公众信任，避免因"信息过分过滤""迟到""缺席""沉默"等受到社会公众"差评"②。

---

① VAN DER PLOEG, L VANCLAY F. Challenges in Implementing the Corporate Responsibility to Respect Human Rights inthe Context of Project-induced Displacement and Resettlement [J]. Resources policy, 2018 (55).

② 孔祥涛，陈琛. 重大决策社会稳定风险评估与应对的风险沟通模式 [J]. 中共中央党校（国家行政学院）学报，2023 (4)：122-133.

六、政府购买社会稳定风险评估服务机制的实践逻辑

(一) 政府：主导者角色

政府是公共决策的主体，在社会稳定风险评估全过程中发挥主导作用，秉持"谁决策，谁主导"的原则开展社会稳定风险评估活动。①政府要以制度规范引导第三方开展社会稳定风险评估服务，设计有效的服务平台与机制，加深政府与第三方的相互理解，对社会稳定风险评估服务事项达成一致性意见；②政府要发挥好监管作用，规范购买社会稳定风险评估服务的体系和流程，对第三方信度、效度和评估伦理进行监督，重视第三方的意见，纠正社会稳定风险评估服务中出现的程序性和实体性违纪、违规、违法现象，实现全行业、全流程和综合协同监管；③政府既是决策主体，又是责任主体，受到社会关注和重视。政府与社会公众在风险评估中构筑的关系远超过其他主体，政府无论从法律还是道义上都有职责积极与社会公众开展风险沟通，不能将社会公众排除在外。政府与社会公众的良性风险沟通有利于社会公众以主人翁地位与精神去了解决策事项的要义，准确把握风险评价。政府也可从社会公众诉求中获取风险信息，了解他们的担忧、期望和利益诉求，形成分析风险的"第三只眼"。实践表明，对重大项目决策，一般而言，即使项目方未能实质上满足公众的诉求，但只要在解决问题的过程中表现出诚恳积极的态度，就会让公众感受到项目方愿意为之改变的决心，就能够获得公众的支持，消解社会风险①。

(二) 第三方：组织与协调者角色

第三方受政府委托，对决策事项进行风险评估，作为评估业务组织与管理方，其组织与协调角色履行至关重要。一方面，第三方要协助政府为风险评估中多方主体提供必要的沟通平台和机会，提升评估社会参与和民

---

① PRENZEL P, VANCLAY F. How Social Impact Assessment Can Contribute to Conflict Management [J]. EnvironmentalImpact assessment review, 2014 (45).

主监督的充分性和时效性；另一方面，第三方作为协调者，要能及时处理好各种利益冲突与矛盾纠纷，这样才会获得政府、公众、专家、媒体等的信任和支持，努力帮助目标群体寻求共识，消解价值冲突，实现求同存异的使命。

当前，政府将越来越多的社会稳定风险评估项目交给第三方，第三方拥有专业人才、专门评估知识，会运用现代科学技术进行评估，为社会稳定风险评估提供可靠的业务支撑，也能较好规避由于政治权力过度介入社会稳定风险评估导致的人治的影响。同时，社会稳定风险是次生、综合性、社会性和体系性的复杂风险，其影响元素是多元的，影响因子难以清晰界定。社会稳定风险评估既是一项纯粹的科学技术评估活动，又是由价值观念、政治制度和社会文化等共同影响的复杂性评估活动。第三方是社会稳定风险评估的组织者和协调者，但它并不是强有力的组织者与协调者，只是社会稳定风险评估中的承接主体，只有做好与政府、社会和新闻媒体的风险沟通，才能协同做好社会稳定风险评估工作。

（三）社会公众：参与者角色

社会公众是社会稳定风险评估服务的起点和落脚点，社会稳定风险评估必须坚持以人民为中心和维护好社会公众利益的宗旨。社会稳定风险往往来源于社会公众，社会公众又是社会稳定风险评估服务的重要参与主体，要想使政策获得社会认同和消除社会稳定风险，就要获得社会公众的理解与支持，形成社会层面的协同力。社会公众参与是社会稳定风险评估服务影响的关键变量，社会公众的诉求是社会稳定风险评估服务关注的重点，社会公众的参与经验是有效化解社会风险的重要法宝，社会公众在评估实践中形成的质疑、博弈、建言、认同和反对意见等对行政决策走向有直接影响。因此，社会公众是社会稳定风险评估服务的参与主力，公众要通过合理途径清晰准确地表达诉求，让决策者和第三方等主体对公众诉求有透彻的理解，领会决策事项风险影响中公众诉求集合的内外一般性和差异性，同时，公众也要在沟通中建构起对决策事项、对所处时代、对其他主体的全新理解和认同，更新已有的认知建构①。社会稳定风险评估服务需要树立人民的主体地位理念，增强主人翁意识，提升社会公众参与能力，使社会公众主动参加社会稳定风险评估活动，对政府决策进行有效的论证、纠偏、补充，在社会稳定风险评估服务中实现人民意志、保障人民权益和激发人民创造活力的有机统一。

（四）专家：理性主义者角色

随着科学技术被广泛应用于社会稳定风险评估服务中，社会稳定风险评估服务往往被视为技术和科学过程的结合。科学性是社会稳定风险评估的内在要求。社会稳定风险评估的科学性是指评估主体基于事实与价值取向，通过科学的定性、定量方法，在掌握大量客观和真实的一手数据资料的基础上，科学分析重大决策蕴含的各种社会稳定风险，并对社会稳定风险的原因、后果、发生概率进行识别、分析与评价等过程，实现评估结论"科学回答"与"价值权衡"的结合②。这就需要重视专家知识和重视专家的话语权，运用科技来构建评估指标体系。专家理性模式崇尚实证主义精神，注重社会精英和专家话语，主张运用科学技术和数学模型来构建评估风险的指标体系以及防御风险体系，以最大限度提高评估的科学性③。因此，专家理性者角色是指其优秀的专业技能，即专家可以娴熟运用科学技术进行调查、描述、识别和评估风险，合理界定风险的等级和可接受度，提出防范风险的具体措施。与此同时，因为主体感知风险属性的差异性，不同行为主体对风险的识别和感知不尽相同，也需要专家依据专业知识作出动态性与理性评估。

（五）新闻媒体：桥梁纽带角色

新闻媒体发展使得风险沟通渠道多元化，它改变了传统的信息流向，实现了由政府、主流媒体到公众的多样互动。新闻媒体赋予公众相对自由的公

---

① 胡象明，高书平. 邻避风险沟通场域中的话语之争、现实困境及对策研究［J］. 郑州大学学报（哲学社会科学版），2022（4）：19-25.

② 张玉磊，朱德米. 重大决策社会稳定风险评估中的利益相关者参与：行动逻辑与模式构建［J］. 上海行政学院学报，2018（9）：70-81.

③ 张玉磊，贾振芬. 基于利益相关者理论的重大决策社会稳定风险评估多元主体模式研究［J］. 北京交通大学学报（社会科学版），2017（3）：54-62.

共空间，这种自下而上的"个性化"传播模式，极大拓展了公众舆情表达与形成空间，又大大拓展了舆情传播的管理极限①。有效开展政府购买社会稳定风险评估服务可更好地发挥新闻媒体在风险信息沟通与协同治理中的独特作用，新闻媒体通过积极构建与公众有效的沟通，了解公众诉求和沟通规律，以此影响政府决策。要发挥好全媒体的作用，与公众开展有关社会稳定风险评估服务的沟通。同时，有效引导民间舆论场域，校正后者的议题传播偏颇和风险认知偏差。设计风险沟通方式时要区分主要受众、次要受众与媒介受众，因人施策，精准地对民间舆论场域中的不同公众进行反馈和回应②。在人人都是自媒体的时代，社会公众思想难免出现"虚假信息+情感宣泄"的现象，在新闻媒体裹挟下，部分社会公众容易异化社会风险，形成新的社会矛盾和对立，新闻媒体要以兼容立场应对，推动政府决策完善与有效化解风险。

---

① 辛方坤. 基于风险社会放大框架理论的邻避舆情传播 [J]. 情报杂志, 2018 (3): 116-121.
② 孔祥涛, 陈琛. 重大决策社会稳定风险评估与应对的风险沟通模式 [J]. 中共中央党校（国家行政学院）学报, 2023 (4): 122-133.

第八章

政府购买社会稳定风险评估服务机制的实证研究

为进一步深入研究政府购买社会稳定风险评估服务平台与机制中有关的社会评价、风险管理、综合性社会风险评估、协同治理等理论问题，本书以法治化、专业化、社会化、智能化作为衡量政府购买社会稳定风险评估服务机制评估的一级指标，围绕影响政府购买社会稳定风险评估服务平台与机制现状中的要素进行分析，将开展调查问卷、相关性、回归性、通径性等多维度实证性分析。

一、调查设计相关说明

（一）调查问卷的来源及回收

以法治化、专业化、社会化、智能化作为衡量政府购买社会稳定风险评估服务机制评估的一级指标。①法治化指标主要说明政府对第三方资质认定标准、资格资质授予程序和内容，以及政府购买社会稳定风险评估管理等；②专业化指标主要说明第三方具备专业知识或技能的专业人才情况，以及专家的评估价值观；③社会化指标主要说明最终的评估结果是否客观真实，是否能有效反映社会公众诉求，是否能在有效化解社会稳定问题上真正发挥作用；④智能化指标主要说明评估是否有效利用网络、大数据、物联网和人工智能等技术，实现专业化机构、专业化咨询、专业化人员、专业化技术的服务模式。

调查问卷的内容主要反映了政府购买社会稳定风险评估服务机制中不同层面的影响因素。如表9-1所示，法治化因素涉及政府购买社会稳定风险评估服务机制中政府层面的法治理念、制度供给机制、过程监管机制、政府问责机制等；专业化因素涉及政府购买社会稳定风险评估服务机制中第三方层面的专业队伍建设、专业化评估能力、行业专业化等；社会化因素涉及政府购买社会稳定风险评估服务机制中社会层面的公众参与意识、公众参与渠道、公众参与能力等；智能化要素涉及政府购买社会稳定风险评估服务机制中技术层面的信息公开、互联网+社会稳定风险评估、阳光社会稳定风险评估等。问卷采用五级李克特量表赋值法进行数据处理，在此基础上对问卷数据与结果进行相关性、回归性和通径性等分析。

表9-1　政府购买社会稳定风险评估服务不同影响因素

	法治理念
法治化因素	制度供给机制
	过程监管机制
	政府问责机制
专业化因素	第三方专业队伍建设
	第三方专业化评估能力
	第三方行业专业化
社会化因素	公众参与意识
	公众参与渠道
	公众参与能力
智能化因素	信息公开
	互联网+社会稳定风险评估
	阳光社会稳定风险评估

本调查共发放了 210 份问卷调查，收回 203 份，其中有效问卷 199 份。

表 9-2　问卷发放及回收人数统计情况

数量/份 ＼ 发放单位	政府	高校	第三方	合计
发放数	68	89	53	210
回收数	67	84	52	203
有效数	67	81	51	199

（二）数据处理

在调查数据处理中，为了突出研究的严谨性，本次调查数据处理采用 SPSS 19.0 统计分析软件，克朗巴哈系数设为 0.96。如果克朗巴哈系数大于 0.9，则认为量表的内在信度较高；如果克朗巴哈系数大于 0.7 小于 0.8，表明量表设计存在问题，但仍有一定参考价值；如果克朗巴哈系数小于 0.7，则认为量表设计存在很大问题，应该重新设计[1]。

（三）访谈说明

本访谈采用开放式模式，根据研究需要，对政府、高校和第三方进行深度访谈，基于个案的角度探索政府购买社会稳定风险评估服务机制的现状与问题导向，从纵、横两个维度深入研究政府购买社会稳定风险评估服务机制。相关研究结论将在下一章全面阐述。

（四）相关性分析

本问卷利用 Pearson 和 SPSS 19.0 软件进行相关性分析，将因变量设为政府购买社会稳定风险评估服务机制的质量，自变量为法治化、专业化、社会化和智能化等影响性指标。为了验证各变量之间的关联性，我们还进行了相

---

[1]　张虎，田茂峰. 信度分析在调查问卷设计中的应用 [J]. 统计与决策，2007 (12)：37.

关性分析，研究结果表明各变量之间存在一定的相关性（见表9-3），自变量和因变量具有显著相关性。

表9-3　单项指标相关性分析量表

变量	法治化	专业化	社会化	智能化	质量评价
法治化影响	1				
专业化影响	624**	1			
社会化影响	347**	335**	1		
智能化影响	421**	468**	509**	1	
质量评价	547**	536**	568**	429**	1

注：**表示在水平（双侧）上显著相关。

具体而言，法治化、专业化、社会化和智能化与政府购买社会稳定风险评估服务机制的质量有着高度相关性，假设全部成立，即法治化、专业化、社会化和智能化指标影响要素政府购买社会稳定风险评估服务机制的质量，有着显著关联度。从法治化角度看，政府购买社会稳定风险评估服务机制中的法治理念、制度供给机制、过程监管机制、问责机制对其产生显著影响；从专业化角度看，专业队伍建设、专业化评估能力、行业专业化情况对社会参与社会稳定风险评估服务产生显著性影响；从社会化角度看，公众参与意识、参与渠道、参与能力对社会参与社会稳定风险评估服务产生显著性影响；从智能化角度看，信息公开、互联网+社会稳定风险评估、阳光社会稳定风险评估是影响政府购买社会稳定风险评估服务的技术变量，两者有着一定相关性。因此，上述假设全部满足作回归性分析的验证标准，可以进入下一环节的研究。

（五）回归性分析

为了进一步探索如何影响政府购买社会稳定风险评估服务机制的质量，本研究利用软件SPSS 19.0进行多元回归性分析，回归方程建构如下：

$$Y=a+a1X1+a2X2+a3X3+a4X4+a5X5+\cdots+anXn$$

Y 代表政府购买社会稳定风险评估服务机制的质量；自变量为法治化、专业化、社会化和智能化的影响因素，对应为 X1、X2、X3、X4；a1、a2、a3、a4 为自变量的系数。为检验模型，本研究采用 SPSS 19.0 中的多元线性回归进行分析，结果如表 9-4 所示。

表 9-4 单项指标回归性分析量表

自变量	标准化系数数据（B）	显著水平数据（P）	t 值检验数据	VIF
法治化	0.233***	0.415	0.000	1.202
专业化	0.187**	2.930	0.001	1.153
社会化	0.154*	3.185	0.003	2.415
智能化	0.400**	11.658	0.001	1.202
R2	0.564			
调整后的 R2	0.572			
F	8.290			
P	0.000			

注：* 表示在水平（双侧）上的相关性。

从政府购买社会稳定风险评估服务机制影响因素的回归分析得出：R2 的值为 0.564，符合回归方程中显著性的检验；从回归系数的检验来看，t 值检验概率数据小于 0.05，表明法治化、专业化、社会化和智能化对政府购买社会稳定风险评估服务机制产生显著性影响，因此在回归模型中应保留，自变量的 VIF 值小于 10，表明自变量之间多重共线性呈现较弱特性，可建立线性回归方程进行分析。结果表明，要想提升政府购买社会稳定风险评估服务质量，就应从法治化、专业化、社会化和智能化等层面进行深入研究。

政府购买社会稳定风险评估服务机制的首要影响因素是法治化，其标准化系数最大，为 0.233，显著相关性最高，这表明法治理念、制度供给机制、过程监管机制、问责机制对其产生极大影响，政府的法治理念、制度供给机制、过程监管机制、问责机制越完善，就越能促进政府购买社会稳定风险评估服务质量提升；政府购买社会稳定风险评估服务机制第二个影响因素是专业化，其标准化系数为 0.187，这表明第三方层面的专业队伍建设、专业化评估能力及行业专业化在一定程度上可为政府购买社会稳定风险评估服务质量提升提供可靠保障；社会化是政府购买社会稳定风险评估服务机制中的第三个影响因素，其标准化系数为 0.154，公众参与意识、参与渠道、参与能力都会对政府购买社会稳定风险评估服务质量产生一定影响；智能化要素是影响政府购买社会稳定风险评估服务质量的最后一个影响因素，其标准化系数为 0.400，表明信息公开、互联网+社会稳定风险评估、阳光社会稳定风险评估等是否顺畅都对政府购买社会稳定风险评估服务机制的运行产生相应影响。

从回归性分析看，法治化对政府购买社会稳定风险评估服务机制的影响最大。为了更加深入地研究法治化是如何影响政府购买社会稳定风险评估服务质量的，在此将法治化视为 $Y1$，专业化、社会化和智能化分别为 $X1$、$X2$、$X3$，相应系数为 $b1$、$b2$、$b3$，常数设定为 b，建构的回归方程为：

$$Y1 = b + b1X1 + b2X2 + b3X3$$

采用 SPSS 19.0 软件中的多元线性回归分析，得出的结果如表 9-5 所示。

表 9-5　政府购买社会稳定风险评估服务机制中法治化影响因素的回归分析

自变量	标准化系数数据（B）	显著水平数据（P）	t 值检验数据	VIF
专业化	0.227**	1.883	0.000	4.102
社会化	0.196*	5.620	0.000	2.876
智能化	0.173**	2.1890	0.001	7.325
$R2$	0.524			
调整后的 $R2$	0.543			
F	21.276			
P	0.000			

注：*表示在水平（双侧）上的相关性。

从上述分析看，$R2$ 的值为 0.524，符合显著性的检验。在回归系数检验分析之中，三个自变量的 t 值检验数据都小于 0.05，这表明政府购买社会稳定风险评估服务机制中专业化、社会化、智能化对法治化的运行产生显著性影响，在回归模型分析中可以保留。同时，VIF 值均小于 10，说明自变量之间多重共线性关系较弱，符合建立线性回归方程的条件。依此类推，专业化、社会化和智能化对政府购买社会稳定风险评估服务质量的影响依次递减。基于上述回归性分析，法治化、专业化、社会化和智能化运行均对政府购买社会稳定风险评估服务机制运行质量产生了影响，同时，专业化、社会化和智能化运行对法治化运行也产生一定的影响，通过自变量系数比对看，专业化对法治化运行影响程度最大。

（六）通径性分析

上述回归分析充分显示方程的参数值均达到显著性水平，且统计显著性检验中的回归方程有效，就可以开展对所有变量进行通径性分析。其结论如下：①法治化、专业化、社会化和智能化运行与政府购买社会稳定风险评估服务机制运行与质量提升有着正相关关系，社会稳定风险评估服务机制运行与质量提升是多方主体和多机制协同作用下的结果；②法治化、专业化、社会化和智能化运行对政府购买社会稳定风险评估服务机制运行与质量提升存在一定的差异性，专业化、社会化和智能化运行主要通过法治化机制作用，进而再影响到政府购买社会稳定风险评估服务机制运行与质量提升；③专业化、社会化和智能化运行的影响因素有着交互关系，优化法治化机制是政府购买社会稳定风险评估服务机制运行与质量提升的最重要路径。

二、政府层面的法治化机制

法治化机制是专业化、社会化和智能化机制运行的重要载体，它直接影响着社会稳定风险评估服务的质量，影响系数最高。法治化机制包括法治理念、制度供给机制、过程监管机制、问责机制，这主要回答政府购买社会稳定风险评估服务机制中"向谁买""怎么买""如何管""谁监督"等核心问题。假设专业化、社会化和智能化运行机制能充分利用好，完善的法治化运行机制就能实现政府购买社会稳定风险评估服务的科学性、民主性与有效性，提升社会稳定风险评估服务质量，这些假设均成立（见表9-6）。

表 9-6　法治化机制假设研究表

假设	研究假设	检验假设
H1	政府层面的法治化机制越健全，社会稳定风险评估质量越好	验证成立
H2	第三方层面的专业化机制越健全，社会稳定风险评估质量越好	验证成立
H3	社会层面的社会化机制越健全，社会稳定风险评估质量越好	验证成立
H4	技术层面的智能机制越健全，社会稳定风险评估质量越好	验证成立

三、第三方层面的专业化机制

根据回归性与通径分性数据分析，第三方的专业化机制是政府购买社会稳定风险评估机制运行与服务质量提升的第二个影响因素，仅次于法治化机制，高于社会化机制和智能化指标。第三方开展社会稳定风险评估是一项技术性与政治性工作，由集风险调查、因子识别、风险程度分析、等级确定等环节构成，第三方机构的人员构成、管理水平和专业能力直接影响政府购买社会稳定风险评估机制运行与服务质量提升。目前，我国第三方机构的发展不够健康，其独立性和专业性能力备受市场和社会质疑，内部治理水平低的短板突出。同时，第三方评估机构的行业自律性不高，缺乏统一规范和服务标准，也影响着第三方机构提供社会稳定风险评估服务的数量与质量。第三方机构应强化内部治理水平，提升服务质量和能力，有效担负起行业自律和科学评估的责任，以客观、专业立场开展社会稳定风险评估工作，如果只顾眼前利益或一味依附于政府部门，将难以作出客观、专业性评估，最终会损害社会稳定风险评估事业的整体发展。

四、社会层面的社会化机制

相对法治化和专业化指标而言，社会化机制影响政府购买社会稳定风险评估机制运行与服务质量提升的数值比较低，但这并不代表其对政府购买社会稳定风险评估机制运行与服务质量的提升不产生影响，因为社会稳定风险评估是一项与社会公众和公共利益相关性较高的工作，社会公众拥有社会稳定风险评估服务的相对话语权甚至决定权，公众满意度是权衡社会稳定风险评估项目评估的主要变量。公众参与意识、参与渠道、参与能力是确保社会稳定风险评估顺利进行的前提。只有不断提升社会公众参与意识和参与能力、拓宽公众参与渠道，才能有效保证社会公众积极参与评估，进而实现社会公众主动对社会稳定风险评估工作提出批评与建议。

社会公众参与积极性和参与渠道的构建是相辅相成的，只有规范和完善各种参与途径和手段，才能确保社会公众能够高效参与社会稳定风险评估工作。若缺乏便利且完善的参与渠道，不仅会打击社会公众参与的积极性，同时会间接影响社会公众对社会稳定风险评估服务质量的评价。政府购买社会稳定风险评估服务涉及利益主体较多，相关活动较多且复杂，确保社会公众的知情权和发言权尤为重要。当政府部门选定某个第三方后，若未及时公开评估的项目信息和第三方的评估信息，社会公众就会对该项目产生疑惑或质疑，有时甚至会因为通过其他方式得知不对称或异化的信息，使真实情况被歪曲，影响社会公众对社会稳定风险评估工作的监督和提出建议或诉求，进而导致社会公众无法对社会稳定风险评估服务的质量作出客观的判断。[①]

五、技术层面的智能化机制

智能化机制影响政府购买社会稳定风险评估机制运行与服务质量提升的数值最小，但以人工智能、大数据、物联网等为代表的智能化技术应用能为筑牢政府购买社会稳定风险评估机制运行与服务质量提升地提供科技支撑。具体而言，通过"智能社会稳定风险评估"大数据中心形成集数据搜集、社会稳定风险评估服务和应急处置等一体化服务，实现信息公开，"互联网+"社会稳定风险评估和阳光社会稳定风险评估。当前，要着力加强社会稳定风险评估信息系统化建设和深度应用，着力推动互联网社会稳定风险评估业务智能化升级，运用好人工智能，提升社会稳定风险评估服务办理水平，依托

---

① 王茹佳. 政府购买社会稳定风险评估服务的管理机制研究 [J]. 杭州：浙江财经大学, 2021.

智能化促进社会稳定风险评估服务规范化，实现对社会稳定风险评估服务的业务流程进行技术再造。未来要用好智能化技术进行社会稳定风险评估服务，推进社会稳定风险评估服务智能化体系建设，深度挖掘社会稳定风险评估数据，通过综合研判来准确把握社会发展规律和动向，及时发现前端社会稳定治理中带有普遍性的问题，更好地服务于行政决策。

第九章
政府购买社会稳定风险评估服务机制的现状

政府购买社会稳定风险评估服务与以民主治理、科学治理和法治化治理为基本特征的国家治理体系和治理能力现代化具有高度契合性。社会治理现代化是国家现代化的重要组成部分，在精准治理和有为政府的引导下，通过优化治理流程、健全治理机制，实现社会治理法治化、社会化、专业化和智能化。政府购买社会稳定风险评估服务是社会治理创新中的重要内容，可以提高社会精细化治理水平，有助于正确处理改革、发展和稳定三者的关系，是维护群众权益的保障机制。我国实行社会稳定风险评估历史不长，而真正意义上的政府购买社会稳定风险评估服务始于21世纪初，难免在发展中存在一些问题。

一、总体情况

基于上述分析看，政府购买社会稳定风险评估服务机制运行与法治化、专业化、社会化、智能化指标数据具有显著差异性，且总体得分较低，政府购买社会稳定风险评估服务整体绩效不高，难以得到政府、市场和社会的普遍性认同，难以适应社会稳定风险评估事业发展需要。

二、法治化运行机制不健全

如表9-1所示，公共部门和第三方样本在政府购买社会稳定风险评估服务中的法治化指标认同 P 值为 0.05681，大于 0.05，说明二者之间的差异性不显著，公共部门样本值为 30.3469，第三方样本值为 28.8519，它们之间看法较为一致。同时 P 值接近 0.05，也接近显著差异性的边缘值，说明公共部门对法治化认同度和满意度要好于第三方。

表9-1 法治化、专业化、社会化、智能化中指标得分的差异性分析

维 度	公共部门样本			第三方样本			T 值	P 值	显著性
	平均数	标准差	样本数	平均数	标准差	样本数			
法治化	30.3469	3.78157	157	28.8519	4.0732	53	1.98482	0.05681	差异不显著
专业化	35.0786	4.58541	157	35.6667	3.79275	53	-0.69736	0.48173	差异不显著
社会化	38.8494	5.6593	157	37.8148	3.39721	53	0.94894	0.35352	差异不显著
智能化	17.3701	2.45623	157	16.6296	2.07829	53	1.47066	0.14337	差异不显著
整体得分	30.0532	4.2068	157	30.6667	2.96128	53	-0.74751	0.44564	差异不显著

从访谈定性分析看，基于政府层面的法治理念、制度供给机制、过程监管机制、责任机制等维度的分析结果如下所述。

（一）法治理念不强

政府购买社会稳定风险评估服务作为一项制度创新，其有效性取决于能否嵌入法治理念和法治机制，政府购买社会稳定风险评估服务与法治化是能实现相向而行的。通过访谈发现，尽管当前有一些地方有系统规划和实施方案，但法治化治理仍滞后于实践，某些部门在政府购买社会稳定风险评估服务实践中仍然以党政负责人为主要推手，社会稳定风险评估服务人格化权威倾向明显，社会稳定风险评估依赖非制度化的权威推动，而党政"一把手"往往是推动当地政府购买社会稳定风险评估服务的关键性因素。同时，政府购买社会稳定风险评估服务一定程度上缺乏制度约束，法治能力不强，使得社会稳定风险评估事业滞后于经济社会发展需要。例如，广西某地防汛抗旱指挥部合并购买水库水土保持方案、水资源论证报告、防洪评价报告、社会稳定风险评估报告编制服务，从采购公告载明的资格要求看，其购买主体是从水资源论证报告与水土保持方案编制角度考虑的，但并未考虑承接主体社会稳定风险评估服务的能力，可见其对社会稳定风险评估的重视度不高，只是将社会稳定风险评估服务作为其他服务的附属品合并购买。

（二）制度供给滞后

在政府购买社会稳定风险评估服务实践中要有效理顺政府、第三方、社会三者之间的关系，形成相互协作，共同推进社会稳定风险评估工作，这就需要进行有效的制度供给与政策安排，完善的制度供给可实现管理的科学性和民主性，最大限度降低不确定性和规避系统性社会风险，实现从控制到协商，从被动到主动，从救火到防火，从应评尽评到应评必评的政府购买社会稳定风险评估服务新模式。当下很多地方政府已经开展了引入第三方参与社会稳定风险评估服务的实践，但是相关制度设计并不完善，导致第三方的法律地位难以充分确认和得到有效保护，政府购买社会稳定风险评估服务存在一定的随意性。

（1）制度供给未做到因地制宜。政府购买社会稳定风险评估服务的整体认同度不高，导致相关制度虚置化。长期以来，政府运行系统是封闭的，这就客观上形成了阻碍第三方进入社会稳定风险评估服务的市场领域，政府依然是社会稳定风险评估服务提供的单一主体。除了上海、深圳、浙江、江苏、广东等社会稳定风险评估实践发展较快地区外，很多地方并未建立适合本地区政府购买社会稳定风险评估服务法律法规和政策制度，有些地方在政策规章中有社会稳定风险的第三方评估的描述，但多数是以"指导意见"或"暂行办法"的形式出现。

（2）程序性规定混乱。我国政府购买公共服务主要形式包括公开招标、单一来源、竞争性谈判和邀请招标四种。在政府购买社会稳定风险评估服务中，一些地方和部门可以委托从事社会稳定风险评估的专业机构和社会组织，但评估责任并不转移，社会稳定风险评估主导权依旧掌握在政府手中，缺乏必要法律程序开展政府购买社会稳定风险评估服务，政府购买社会稳定风险评估服务的合法性和合理性不强，购买流程较混乱。究其原因，主要有以下三点：①部门分工不明确，政府部门职能千差万别，缺乏整体协作和联动效应，碎片化治理突出，政府购买社会稳定风险评估服务的整体效率不高；②信息公开不完全，在申报政府购买社会稳定风险评估服务项目中核心要素（如购买预算、购买方式和质量标准的检测等）信息并未完全向社会和市场公布，市场和社会难以知晓有关购买服务信息；③购买的执行机制主义，尽管部分地方政府有一些政府购买社会稳定风险评估服务的制度设计，但在制度执行中往往受制于人为因素，购买并未真正落地，个别地方甚至存在"暗箱操作"的不公开承接现象。

（3）内容性规定形式主义。①从前置条件看，一些地方规定将所有对社会稳定、公共安全等可能造成不利影响的重大决策都纳入社会稳定风险评估范围，即对所有的重大决策都进行社会稳定风险评估，但"重大"本身的定义难以界定；载明了评估主体的确定规则，并赋予评估主体委托第三方机构作为评估实施主体的权利，但未明确可以、应当以及禁止委托的情形①。②从购买准入机制看，市场准入条件指政府购买社会稳定风险评估服务时对承接主体所做的资格要求，主要表现为对承接主体的资质与业绩要求。资质与业绩是承接主体履约能力的参照，要求承接主体提供资质证明文件和业绩情况是购买主体的法定权利②。但购买主体不得以不合理的条件对承接主体实行差别待遇或歧视待遇，不得通过设置业绩、资质阻挠等方式限制承接主体进入本地区的社会稳定风险评估服务政府采购市场③。在政府购买社会稳定风险评估服务中，部分地方部门规定承接主体必须在当地备案或入选当地推介的第三方名单，这种选择性设置市场准入门槛，排斥了潜在或外地承接主体参与社会稳定风险评估服务。

---

① 参见《浙江省重大决策社会风险评估实施办法》（浙委办发［2019］53号）第五条、第八条、第九条）。

② 参见《中华人民共和国政府采购法》第二十三条。

③ 参见《中华人民共和国政府采购法实施条例》第二十条。

（三）过程监管缺位

（1）缺乏对政府购买社会稳定风险评估服务的约束机制。购买主体和承接方认为只要符合程序规定就不需承担相应法律责任，在实践出现"为了通过项目批准""为了完成社会稳定风险评估程序"等不规范行为，在此影响下出现预设购买评估结果、增减社会稳定风险评估程序、社会稳定风险评估报告人格化和履行期限模糊等困境。

（2）尚未构建全过程的监督机制。在政府购买社会稳定风险评估服务时，政府理应实施全过程监督管理，提升政府审查力度。在实际政府购买社会稳定风险评估服务中存在一些监管漏洞。比如在购买招标阶段中，政府部门和第三方通过一定交易来承接评估项目，使得一些资历较浅和能力平平的第三方充斥社会稳定风险评估市场；在合同管理中，政府部门淡化自身职责，认为一旦合同签订，责任就完全归为第三方，而第三方在社会稳定风险评估服务中有着较大自由裁量权，他们会较少管理成本与资源投入，社会稳定风险评估服务效率与质量得不到有效保障；在考核管理中，有一些地方在第三方社会稳定风险评估服务工作结束后会请专家小组进行考核，但这只是事后评估，难以对第三方社会稳定风险评估服务项目进行事前和事中考核，尤其是合理评估社会公众和利益相关者的意见，难以发现偏差和及时纠错调适。还有一些评估项目存在"自己评自己"的现象，第三方既是承接主体又是社会稳定风险评估服务评审主体，找内部人员进行专家评估，缺乏交由独立于承接方的第三方评审，这可能导致购买主体和承接主体合谋操纵评估过程与评估结果。

（3）评估结果缺乏科学性。在政府购买社会稳定风险评估服务中，评估结果最为重要，它事关科学决策和决策施行，也事关社会公众和公共利益实现。而在政府购买社会稳定风险评估服务中，存在购买主体和承接主体事先预设评估结果或者根据项目支付费用决定评估结果的现象，因为社会稳定风险评估结果能够帮助政府部门顺利取得项目实施权，更有甚者在项目实施完成后再补社会稳定风险评估程序与社会稳定风险评估报告。简言之，社会稳定风险评估存在流程不规范、走过场、评估结果迎合决策者需要等形式主义问题。这直接导致社会稳定风险评估无法发挥应有的效果。社会稳定风险评估服务的功效无从发挥，那么社会稳定风险评估服务的采购自然是无效的①。

（四）责任机制不清晰

政府购买社会稳定风险评估服务责任机制主要是指以"属地管理、分级负责"的责任分担模式，购买主体、承接主体和受益主体相互牵制和监督，这一定程度上体现了权责一致性。但在社会稳定风险评估服务实践中，政府部门既是购买主体又是评估主体，第三方在很大程度上是依附于政府部门，其评估话语权受限，难以明晰自身职责，以至于一旦出现社会稳定风险评估失误难以精准追责。从法律角度分析，合同当事人不仅应按照约定全面履行自己的义务，还应遵循诚实信用原则协助对方当事人履行义务。政府与社会稳定风险评估服务承接主体应是合作关系，政府对当地的社会稳定风险评估服务情况应该是清楚的，同时也应配备一定工作人员帮助承接主体消除评估障碍，向承接主体提供评估所需的信息。第三方不应丧失社会稳定风险评估话语权，避免因责任分解不清晰，导致第三方合法权益得不到有效保障。比如，一些地方在第三方支付费用机制的设计上就存在付款期限不合理或约定免除逾期付款责任的规定，有一些地方规定"项目验收后、待财政部门审批后 2 年内付清""采购人不需支付逾期付款违约金"等。就公众而言，社会公众应对社会稳定风险评估服务充分发表建议，但由于政府运行机制存在一定的封闭性，以及第三方逐利性等原因，评估过程往往忽视社会公众的意见和建议。

三、专业化运行机制有限

从问卷调查来看，公共部门和第三方样本在政府购买社会稳定风险评估服务中的专业化指标认同 P 值为 0.48173 大于 0.05，说明二者对专业化运行

---

① 袁梦婷. 政府购买社会稳定风险评估服务的法律制度研究［D］. 浙江财政大学, 2020.

机制看法差异不显著，公共部门的分值为 35.0786，二者看法较为一致。同时，P 值远超 0.05，说明他们对专业化运行的认同度有着一定差异性，具体而言，公共部门对第三方专业化认同度较低，第三方对自我专业化运行认同度较高，这说明第三方专业化运行有一定发展，但仍有提升空间。从访谈定性分析看，基于第三方层面的专业队伍建设、专业化评估能力、行业专业化等维度得到的分析结果如下。

（一）队伍建设非专业化

社会组织、专业机构等第三方评估机构受政府委托进行社会稳定风险评估，其角色定位、责任感、专业能力对于风险评估活动至关重要，这一切活动都是以专业化队伍建设为前提的。如果第三方不重视专业化队伍建设、人员专业化程度不高或风险认知专业化水平不齐，就会制约社会稳定风险评估事业的规范与发展。当前，大部分第三方是从工程服务、房地产等机构中脱离出来的，其成员多由经济学、工程学和统计学等专业人员组成，具有社会学、法学、政治学和公共管理学等专业知识基础的人员较少，评估多基于环境评估、房屋土地征收评估和工程安全评估等思维进行，缺乏对社会稳定风险治理知识的积累，很难从宏观和根本上评估社会稳定风险中的各种要素。多数社会稳定风险评估专业机构是从事多项评估服务（如环评、安评、地评等）的综合评估公司，社会稳定风险评估只是其小部分业务，且多数专业机构认为社会稳定风险评估技术含量不高，对此项业务不是特别重视，导致社会稳定风险评估专业人才储备不足，也没有形成一套比较成熟的社会稳定风险评估操作体系，社会稳定风险评估专业化水平亟待提高[①]。第三方机构在发展初期很少有专门从事风险评估业务或项目咨询的人员，多是兼职或挂靠人员，如环评机构、高校科研机构兼职人员。即便是专门的"社会稳定风险评估"公司，内部组成人员也呈现出专业人员数量较少、综合职业水平不高、职业流动性较大等困境，一些地方政府文件明确了第三方"社会稳定风险评估"

---

① 张玉磊，朱德米. 重大决策社会稳定风险评估中的利益相关者参与：行动逻辑与模式构建 [J]. 上海行政学院学报，2018（9）：70-81.

人员应具备的专业化水平，但并没有充分的实质性硬性要求和严格审查①。

从培训机制来看，第三方人员多为非专业化人士，加上机构不重视人员知识培训，没有定期或不定期地举办社会稳定风险评估的培训、研讨会等活动，难以培养出具有较高理论水准和实践操作能力的社会稳定风险评估专业人士。

(二) 专业评估能力不强

由于我国购买社会稳定风险评估服务实践开始较晚，第三方市场发展较为缓慢，加上准入门槛低，存在一部分资质认定混乱和内部管理不规范的现象，有些第三方机构的评估能力不强，备受来自政府和社会的质疑。

第三方社会稳定风险评估失灵。由于社会稳定风险评估服务资金主要来自政府，第三方社会稳定风险评估委托合同是与政府签订的，第三方在遵循范式进行评估。相比于新进入市场的第三方，有前期合作经历的"老合作者"与政府的默契评估，能避免不必要的实施麻烦。当然，虽然委托"老合作者"能一定程度消解评估中的实施掣肘，但也会造成一家独大或少数几家鼎立的竞争格局。这种具有"地方壁垒倾向"特点的方式存在利益输送的嫌疑，可能导致第三方严重本土化，并与当地行政决策的各种潜在利益群体发生千丝万缕的联系②。

部分第三方的社会稳定风险评估体系不规范。第三方的社会稳定风险评估体系是社会稳定风险评估服务质量提升的保证。部分第三方缺乏专业性评估体系，存在评估流程、评估指标、评估机制、评估风险应对等机制尚未规范统一等问题，评估随意性和逐利性取代规范性和公共性。

(三) 行业专业化运行程度较低

社会稳定风险评估具有技术性和社会性风险的特征。作为一项技术性活

---

① 邹东升，陈昶，陈思颖. 重大事项社会稳定风险评估的权益引导困境与机制设计 [J]. 领导科学，2019 (6)：74-77.

② 林鸿潮. 重大行政决策社会稳定风险评估体制的批判与重构 [J]. 行政法学研究，2018 (3)：75-87.

动，社会风险评估可以利用自然科学研究成果，由第三方通过理论假设，采取抽样调查、问卷访谈、概率统计、数据处理、结构方程模型和回归性等进行专业化分析。作为一种社会性活动，部分第三方社会稳定风险评估服务的行业专业化程度较低，评估中普遍存在难以准确聚类社会问题、量化方法选择单一和样本代表性不足、数据统计缺乏自然科学精确性等问题，面临行业化发展困境。

社会稳定风险评估行业协会是具有自治、互益、协作特征的组织。建立行业协会有助于其与政府构建起良好对话关系，提升专业化服务水平，约束、监管和规范好社会稳定风险评估服务。自社会稳定风险评估工作开展以来，我国至今尚未建立起全国性甚至区域性社会稳定风险评估行业协会，没有标准行业规范，不能有效约束和管理好各类第三方机构。从费用管理看，第三方参与社会稳定风险评估服务没有标准化费用管理模式，收费标准主要参考建设工程类项目咨询的定价机制，这种弹性过大的收费机制会造成社会稳定风险评估市场价格混乱，滋生"劣币逐良币"的不正当竞争，引发行业性市场价格危机和道德危机；从人员管理看，一些政府部门建立了社会稳定风险评估第三方机构推荐库和专家库，但"入库"的"印象分"占据重要影响，存在人情和资历的异化现象，极易形成隐蔽性和闭塞性的第三方竞争困境；从责任追究机制看，行业协会没有追责或追责不力，对因第三方故意隐瞒、弄虚作假等评估行为，虽然一些地方明确了记入征信系统、不得在本区域继续从事社会稳定风险评估业务等追责方式，但在实践中往往仅实行口头警告、批评等治标不治本的轻微惩处[①]；从第三方社会影响看，由于缺乏行业协会的规范与指导，第三方实务培训和专业化程度不高，导致社会信誉度偏低、机构发育不良和社会影响消极等问题。

社会稳定风险评估指标体系亟待完善。经过近些年的实践探索，第三方构建起了参与社会稳定风险评估服务指标体系，但仍有亟待改进和优化的空间。①评估指标不科学，具有一定封闭性，权重值分配没有经过科学和系统

---

① 邹东升、陈昶、陈思颖. 重大事项社会稳定风险评估的权益引导困境与机制设计 [J]. 领导科学，2019（6）：74-77.

论证，评估指标只机械地从合法性、合理性、可行性和可控性等宏大指标评估，没有更为精准化的指标体系；②选取标准不清晰，很多社会稳定风险评估服务花大篇幅分析合法性指标，对于合理性、可行性和可控性等指标分析较少，使得评估结果无法得到社会公众认同；③现有评估指标定性指标分配比重过大，定量指标分配不足，对一些风险因子的评估难以量化，主要借助主观价值判断、语言描述等方式进行风险评估，导致评估结果的客观性、精准性、权威性等受到了一定程度的影响①。

社会稳定风险评估方法不够科学。纵观各地社会稳定风险评估实践，第三方的评估技术和方法不够科学。①在评估的数据与信息收集处理中，很多第三方采取传统的问卷调查、访谈和座谈会等方式，对社会稳定风险评估风险要素的识别较为简单，忽视隐性风险分析，难以有效利用结构化、半结构化数据、大数据时代下海量非结构化数据进行关联性分析，这就导致获得数据与信息覆盖面有限，可比性和精准性都不强，难以科学、精准地对风险识别与处置；②面对当今重大决策中出现越来越多的半结构化以及非结构化数据，传统的经验式风险评估方法无法有效处理和分析，在风险识别、评估环节难以提供充分的数据证据，进而给决策部门预留了变通空间，致使社会稳定风险评估中出现了决策与评估相互越界的现象②。

四、社会化运行机制存在形式主义

风险管理必须坚持以人民为中心的价值取向，维护和发展社会公众的切身利益和根本利益。从问卷调查看，公共部门和第三方样本在政府购买社会稳定风险评估服务中的法治化指标认同 P 值为 0.35352，大于 0.05，说明他们对专业化运行情况看法差异不显著。与此同时，社会化指标的分值低于法治化和专业化指标，公共部门的分值为 38.8494，第三方的分值为 31.8148，

---

① 刘雅静，王铭铭. 问题与优化：统筹发展和安全背景下的社会稳定风险评估机制研究 [J]. 中共乐山市委党校学报，2021，23（1）：25-31.

② 刘泽照，朱正威. 掣肘与矫正——中国社会稳定风险评估制度十年发展省思 [J]. 政治学研究，2015（4）：118-128.

P 值远超 0.05，说明公共部门对社会化认同度高于第三方。对于政府而言，社会参与是社会稳定风险评估服务重要的影响因素，直接关系到社会稳定和社会认同，也事关公共决策与政策执行；对于第三方而言，更多考虑来自政府，非社会公众诉求。社会公众在政府购买社会稳定风险评估服务中具有重要地位，政府和第三方都应突出和满足社会公众诉求，否则项目评估在程序和实体上都有可能违反法治规则，给社会稳定造成损失。从访谈定性分析角度看，基于社会层面的公众参与意识、公众参与渠道、公众参与能力等维度分析结果如下。

（一）社会公众参与意识淡薄

在所有政府购买社会稳定风险评估服务中，社会公众一般不会主动提出意见，这种公共服务购买主要是基于政府需求而非社会需求进行的，社会公众对于政府购买社会稳定风险评估服务知之甚少，更无全过程参与。①社会公众不关注和了解政府购买社会稳定风险评估服务情况。由于经济人角色假设，他们不会花太多时间与精力去了解，认为社会稳定风险评估是政府的事务，与他们无直接关系，参与意识淡薄。②社会公众多基于眼前短期利益和自我狭隘利益出发，难以从宏观上考量社会总体安全与发展、环境生态等风评要素。③社会公众也会质疑第三方的公正性，自然不愿意配合社会稳定风险评估工作。将其看作政府部门的附属，并不清楚第三方的职责与功能，公众会认为第三方不会将其意见客观反映给政府，第三方就是政府的代言人。

（二）社会公众参与渠道狭窄

大数据、人工智能被广泛引入政府治理和社会治理中，民意调查、社会公示、听证会等就成为比较常见的社会公众参与渠道。在政府购买社会稳定风险评估服务中，社会公众参与渠道较为狭窄和封闭。①在评估前期，个别地方政府和第三方不主动宣传评估项目有关信息，更无公开的参与渠道；②在参与第三方项目评估时，有些民意调查设计的问题是有选择性的，代表性不强，很多调查是事先就做好的工作，在预先设定范围进行民意调查得出的调查结果难有代表性和客观性，即使形成了一定民意也难以左右评估结论和政府决策走向；③在评估后期，评估结果往往在指定平台和区域进行告示，重大行政决策社会稳定风险评估往往因缺乏"数据证据"支撑而给评估主体和决策主体预留了可操作性空间①。

（三）社会公众参与能力不高

社会稳定风险评估服务就是社会公众参与以公共政策为核心的共识达成并不断优化的过程，社会稳定风险评估目标的实现不仅要通过公众参与收集民意，获取社会稳定风险评估信息，更重要的是通过公共参与实现社会公众对决策的知情权和影响权。一方面，QQ、微信、微博等新媒体赋予社会公众参与的技术能力，同时，民主进程不断推进和发展，有助于构建起公正的社会公众参与公共决策的制度化机制。但由于长期以来缺乏培育社会公众参与的环境与文化，参与制度不完善，利益表达渠道缺乏，导致社会公众参与能力并不高。具体到社会稳定风险评估领域中，由于部分社会公众参与的目标狭隘、知识壁垒等原因，公众参与主体、参与形式、参与强度、参与保障等缺乏有力制度保障，制约着社会公众参与社会稳定风险评估的能力实现。另一方面，由于社会公众掌握的有关社会稳定风险评估的理论和技术较少，无形中就筑起社会公众参与壁垒，他们多数如安东尼·唐斯描述的"理性无知"，是"沉默的大多数"。在社会稳定风险评估服务中，社会公众参与是被动的而非理性的，他们对社会稳定风险评估的影响力较小。

五、智能化运行机制不畅

重大行政决策的社会稳定风险评估是基于合理性评估、合法性评估、可行性评估、可控性评估，遵循社会公众参与和专家论证等程序，还包括了必要的技术程序，如风险信息收集、访谈调查、风险识别和分析等，在风险信息分析和风险沟通等诸多环节，智能化技术应用可以发挥重要作用。在传统

---

① 刘白，廖秀健. 基于大数据的重大行政决策社会稳定风险评估机制构建研究［J］. 情报杂志，2016（9）：43-47.

的社会稳定风险评估中，无论是由政府部门主导社会稳定风险评估还是将社会稳定风险评估委托于第三方，都难免会出现社会稳定风险评估唯政府、唯领导意志的弊端，智能化技术应用有着工具理性的优势，一定程度上可避免人为操纵的影响。从问卷调查看，公共部门和第三方样本在政府购买社会稳定风险评估服务的智能化运行指标认同 P 值为 0.14337，大于 0.05，说明他们对智能化运行情况看法差异不显著。同时，智能化指标是所有指标中得分最低的，公共部门的分值为 2.45623，第三方的分值为 2.07829，P 值也远超0.05。对于政府而言，社会参与是社会稳定风险评估服务重要的影响因素，需要开展政务公开、专家论证和社会公众参与，还需要智能化技术介入来推进政府购买社会稳定风险评估服务质量提升，这样才能推进开源聚力的风险评估知识传递、驱动协作共享的风险评估数据变革，实现精准而又不断递进发展式的社会稳定治理模式。从访谈定性分析角度看，基于技术层面的信息公开、阳光社会稳定风险评估、"互联网＋"社会稳定风险评估等维度分析结果如下。

（一）信息公开机制不健全

目前，公共信息公开和信息保密机制在社会稳定风险评估服务中执行不到位，导致社会稳定风险评估信息透明度依然较低，政府以外包括第三方、专家、社会等主体难以获得足够的社会稳定风险评估信息。获取信息需要耗费成本，由于信息不对称和对风险感知存在差异性，政府以外主体不会耗费很多成本去获得足够信息。同时，政府也没有及时公开社会稳定风险评估过程中的详细信息，社会公众不知晓评估事项，这会损害社会稳定风险评估工作的公信力。

（二）阳光社会稳定风险评估机制缺失

上述部分已分析评估前期、中期的问题，在此只分析评估后期的问题。①评估结果不公开，由于监督机制不健全，基于保密外衣，部分社会稳定风险评估信息很难被公布出来，难以有效接受社会监督和公开查询，即使社会申请政府公开社会稳定风险评估报告信息，部分地方政府也会以涉密为由拒绝或只公布一些无关紧要的内容，社会稳定风险评估就会降低社会认同力和公信力，也会降低风险防范效果；②结果运用不公开，一些社会稳定风险评估结论存在"评而不用"的现象，评估结论缺乏约束力。一些项目经过评估指出的社会风险被漠视，项目仍然盲目决策和上马，可能会导致群体事件的发生，而一旦群体性事件发生又缺乏对责任主体进行有效的追责，更不能有效预防化解社会稳定风险。

(三) "互联网+" 社会稳定风险评估的不确定性突出

传统政府购买社会稳定风险评估模式主要是通过在购买服务的互动行为中形成各主体在场的压力，通过权威性和执行性活动分配利益和提供公共服务。"互联网+"社会稳定风险评估模式是在社会稳定风险评估服务中各类相关主体之间以线上形式通过虚拟互动，形成了各主体不在场的平衡力，并通过权威性政策规则和非权威的影响力给予各主体以符合形式和实际上的满足。风险社会运行和社会变化日趋加大，复杂性和棘手性社会稳定问题偶有发生，"互联网+"社会稳定风险评估理应成为一种主动适应社会稳定风险评估服务的新模式。然而，我国的"互联网+"社会稳定风险评估还在起始阶段，这给社会稳定风险评估工作带来巨大挑战。①技术应用不足，在政府购买社会稳定风险评估服务中，信息采集源只依赖于线下平台，数据结构出现多为静态的文本形式而非多维形式，信息数据存在过期或相互矛盾的问题；②资源整合力不强，在政府购买社会稳定风险评估服务中主要利用座谈、访问、问卷等传统挖掘资源方式，数据信息处理采取信息末端处置方法，数据库和数据采集工具选择不恰当，没有充分利用外部商业机构的数据信息，如百度、腾讯等信息密集型的数据库；③整体效能不佳，在政府购买社会稳定风险评估服务中，各主体形成是以各自部门为基础单位组成碎片数据体和"信息孤岛"的关系，难以做到信息共享和管理机制协同，整体管理效能不高。

第十章

优化政府购买社会稳定风险评估服务机制的对策

21 世纪以来，随着我国各地社会稳定风险评估实践不断深入和发展，社会稳定风险评估构建起政府治理、社会稳定和个人维权的平衡机制，在此基础上衍生的政府购买社会稳定风险评估服务也成为社会关注的焦点，同时也是政府治理和社会治理的难点。由于我国政府购买社会稳定风险评估服务实践时间不长，理论研究成果不成熟，政府购买社会稳定风险评估服务存在全局性和深层次的矛盾，急需理清思路和找到解决办法。在此，本章基于政府层面的法治化、市场层面的专业化、社会层面的社会化、技术层面的智能化等角度提出相应的对策。

一、完善政府层面的法治化治理

（一）合理界定政府购买社会稳定风险评估服务的范围

我国政府购买社会稳定风险评估服务存在成本较高、财政使用效益较低等问题，这与购买社会稳定风险评估服务范围不明确有着直接关系。政府购买社会稳定风险评估服务要在获得外部认同、控制交易成本和优化财政资金使用效益等中实现平衡与发展，就必须合理界定政府购买社会稳定风险评估服务范围，突出需求导向机制和约束机制。

（1）合理界定政府购买社会稳定风险评估服务的范围。如何界定"重大"是定位政府购买社会稳定风险评估服务范围的关键，对"重大"的界定应符合上位法的主旨，不得与上位法冲突。目前，上位法较为清晰地将政府购买社会稳定风险评估为刚性规定的事项进行列举性归类，譬如土地征收、国有土地房屋征收、较大规模的政府投资项目、环境类工程等，在此基础上，各地要根据实际情况和经济社会发展需要采用列举式与兜底式条款相结合的方法划分出政府购买社会稳定风险评估服务范围，合理界定出清晰、可操作的认定标准。

（2）合理界定政府购买社会稳定风险评估服务的范围还要明确风险评估责任主体、禁止委托和委托第三方实施评估的范围、第三方机构评估的自由裁量权等。为提升财政使用效益，提高评估效率，一些规模较小的、简易的社会公众支持度高、风险明显较低的项目可由评估责任主体自行评估，禁止将此类项目以单项委托的方式交由第三方机构实施评估。若此类项目是常规性的，或是批量的，则可允许评估主体以约定服务期限或明确批次的方式委托第三方机构实施评估，但评估期限不宜过长、合并的数量不宜过多。政府购买服务的财政支出效益必须充分考虑政府购买社会稳定风险评估服务的规模性收益[①]。

构建以需求为导向的政府购买社会稳定风险评估服务机制。尽管《中华人民共和国政府采购法实施条例》（2015）对于政府购买设置了一些标准性规定，但只是原则性的规定，并没有对政府购买范围、购买方式、购买程序和购买执行机制等作出细致性的规定，也没有就购买需求的考核、购买需求的追责等作出原则性规定。应基于财政来源、支付模式等影响要素，平衡政府购买社会稳定风险评估服务和财政支出之间的关系，将政府购买需求和财政

---

① 钱海燕，沈飞. 地方政府购买服务的财政支出效率评价——以合肥市政府购买居家养老服务为例 [J]. 财政研究，2014 (3)：64-67.

支出挂钩，以购买合同固定购买需求，将购买需求、财政资金使用作为政府购买社会稳定风险评估服务的标准，实施有效约束与考核。

（二）构建政府购买社会稳定风险评估服务的公平竞争机制

（1）公平竞争机制是市场经济的核心，是建设高质量现代化经济体系的重要内容，也是推动政府购买社会稳定风险评估服务高质量发展的内在要求。①培育和发展好政府购买社会稳定风险评估服务的市场体系，给社会稳定风险评估服务的承接方足够优惠政策，鼓励采用分包和联合体投标双向联动方式，减少行政权力对购买市场的干预，实现市场培育与有限度保护竞争的协同发展，形成健康有序的政府购买社会稳定风险评估服务市场。②购买主体应转变理念，从重视靠承接主体资质来保证服务质量转移到通过履约管理来提升服务质量的理念，强调将"质量和社会公众满意度同为第一位"的思想，引入新技术和创新服务模式提高社会满意度和信任度。③鼓励购买主体接受联合体投标。接受联合体投标情形的，第二年的采购支出预算编制可以给予更大的优惠。但不应当将联合体接受度作为硬性考核指标，以防购买主体为完成考核而不顾项目是否适用的弊端[①]。

（2）贯彻公平参与原则。社会稳定风险评估服务承接主体能公平地参与其中，获得无差别性参与机会，各类主体公平参与、公平竞争是实现政府购买社会稳定风险评估服务的重要前提。在准入阶段审查中，要重点审查承接方的信用、履约能力、技术能力，以便优质的承接方能参与竞争，使得政府选择购买主体时能有较大自由度；在评审阶段审查中，可根据购买项目特征制定出更为细致的审查规则，重点审查承接主体的专业服务能力和社会信任度。因此，贯彻公平参与原则就不会将具有优质社会稳定风险评估服务能力的承接方排除购买市场外，又能更全面地考量承接方，筛选出满意型市场承接主体。

（三）完善政府购买社会稳定风险评估服务的权益保护机制

（1）保护第三方独立评估的权利。①为保护第三方的独立性，政府部门

---

① 袁梦婷. 政府购买社会稳定风险评估服务的法律制度研究［D］. 浙江财政大学，2020.

要严格遵循公平竞争原则，不能对第三方评估实施行政权力干预，第三方在人事、资金和管理机制上不能与政府存在依附关系，构建起独立关系竞争性购买模式；②将独立性融入第三方的权利和义务体系中，以法律政策明确第三方独立评估的地位，影响第三方独立评估的法律责任，规范当地重大决策社会稳定风险评估工作，在地方政府规章中明确受委托的社会稳定风险评估实施主体在评估中应保持独立地位，依客观中立原则进行评估；评估主体（即购买主体）不得干扰、影响评估结论的形成，如有违反，将追究直接负责的主管人员和其他直接负责人员的责任，涉嫌犯罪的移送司法机关追究刑事责任①。

（2）构建科学的政府购买社会稳定风险评估服务价格机制。价格合理是判断政府、第三方的权利与义务是否公平的重要依据，交易价格往往是本着双方平等协商原则，以合同约定而成的。科学合理的购买价格应与工作量、工作难度和服务质量挂钩，鉴于其难以量化的特点，可以先邀请潜在的第三方进行报价，根据报价情况确定最终的购买价格。例如，购买土地征收项目的社会稳定风险评估服务，可以按项目涉及的土地范围及利益相关者的数量确定不同的单项计价标准；公路工程建设项目的社会稳定风险评估服务，可以按里程确定计价标准，或者根据项目投资规模确定计价标准②。

（四）健全政府购买社会稳定风险评估服务的监督机制

（1）加强财政监督。为了解决政府购买社会稳定风险评估服务中无序增加财政支出、财政预算支出不合理、财政审查论证和审查性不足等问题，应从合理引导政府购买的动机、健全财政预算支出等入手加强财政监督工作。前者主要是施行零基预算制度，以防范政府出现为来年预算庞大支出而头年缩减支出的道德风险。有关地方零基预算改革效果的调查研究表明，实行零

---

① 参见《大连市重大行政决策社会稳定风险评估办法》（大连市人民政府令第156号）第16条、第17条、第23条。

② 参见浙江大兴建设项目管理咨询有限公司《关于莲都区土地和房屋征收社会风险评估服务采购项目的公开招标公告》。

基预算改革后，项目支出结构在数量精简和资金整合上均发生积极变化①。后者可以推进购买服务项目库建设为突破口，审查项目采购预算支出的合理性、合规性，推进项目库建设，是健全政府购买社会稳定风险评估服务的监督机制的重要保障。每一项政府购买社会稳定风险评估项目都要列出购买需求清单，购买主体、承接主体、购买形式、购买价格等核心要素要录入服务项目库。除此之外，还要加强财政的横向监督，不仅要审查项目财政支出的合理性，还应审查项目支出是否有重合和浪费财政资源的现象。

（2）强化履约监督。是否正常履约是实现政府购买社会稳定风险评估服务目标的关键，第三方作为市场主体，存在着追逐利润最大化的参与动机，如果其追逐狭隘利益就会损害公共利益和社会稳定。结合《中华人民共和国政府采购法实施条例》（2015），可用构建社会稳定风险评估工作台账机制实现对第三方进行有效的履约监督。①监督第三方的社会稳定风险评估工作计划，记录项目实施中的资源配置计划、过程计划、成果计划等重要信息，监督第三方严格按程序开展社会稳定风险评估工作；②监督第三方的评估执行活动，社会稳定风险评估服务最重要对象是社会公众，因此，社会稳定风险评估服务要贴近实践、贴近生活、贴近群众。

（3）完善评审机制。政府购买社会稳定风险评估服务模式引入，使得第三方以更为客观、公正和专业的姿态进入社会稳定风险评估服务领域之中。第三方评审机制是指采购人聘请具有权威性、专业性的中介机构作为政府购买服务的评审人，由其制订评估标准，负责评估采购合同的履行情况及采购项目的组织情况②。因此，要提升第三方评审的运用率，可设定科学的专业性评审指标体系，区分好购买同一社会稳定风险评估项目中社会稳定风险评估服务与评审服务，将二者划分为不同的管理阶段，引入行业监督机制，激活潜在的社会稳定风险评估服务承接主体参与社会稳定风险评估评审。当然，行业监督不仅限于购买项目前阶段，还应在履约验收阶段实施全过程监督。

---

① 杨广勇，杨林. 零基预算改革效果评价与未来推进——以珠海市 A 区为例 [J]. 中央财经大学学报，2019（1）：3-14.

② 许源. 合法性视角下政府购买服务第三方评估机制、困境及其突破 [J]. 科学发展，2020（4）：106-113.

（4）完善责任追究机制。相关法律法规不完善导致责任主体在政府购买社会稳定风险评估服务中往往逃避责任，追求狭隘自身利益，违背政府购买社会稳定风险评估服务的意图，政府购买社会稳定风险评估服务质量不佳，政府与第三方、政府与公众之间信任度不高。因此，有必要建构严格的监督机制，对社会稳定风险评估前期、中期和后期监督落实到位，明确责任主体、追责方式和救济机制等内容。

政府购买社会稳定风险评估服务作为社会治理模式创新，也应在保障各主体合法权益基础上强化对其的制约与监督，实施精准有力式的问责。对于政府而言，政府作为购买社会稳定风险评估服务中最主要的责任主体，无论在评估活动中角色如何转移，其承担的监管责任始终是最大的，需要在制度和法律上设计好政府责任，做到责任有章可循、追责有法可依。政府要对整个评估过程的各类情况了如指掌，在确保第三方独立性基础上有限合理介入风险评估服务中的各个环节，对社会稳定风险评估服务中出现的问题要"早发现、早解决"；对于第三方而言，尽管政府在社会稳定风险评估服务中承担了主要责任，但第三方作为社会稳定风险评估重要的一极，也要承担严格的法律责任、技术责任和道德责任，尤其是第三方作为社会稳定风险评估服务的实施主体与社会稳定风险评估报告的主要编辑者时，若报告内容失误或结论判断失误就会严重影响到行政决策质量。

二、培育与引导好专业化的第三方市场

在政府购买社会稳定风险评估服务中，第三方作为承接主体，其资质、信誉、资源和专业化服务水准是决定评估服务质量的关键因素。第三方要想脱颖而出，不仅有赖于优化内部管理和自我约束，更离不开政府部门的大力支持，离不开政府的政策、财政、人力资源开发和技术等关键性支持。政府是培育、引导好第三方市场专业化发展的关键。从社会稳定风险评估服务实践看，市场大环境对培育与引导好第三方市场发展的作用不能被忽略。因此，需要从培育与引导第三方发展的外部市场和优化内部治理达到优化目标。

（一）加强社会稳定风险评估服务的市场供给

多元化的市场供给机制可克服政府成为社会稳定风险评估服务单一供给主体的弊端，纠正市场供给中政府的垄断行为，极大激发第三方参与政府购买社会稳定风险评估服务的积极性，有利于维护好社会稳定和实现好社会利益。加强社会稳定风险评估服务的市场供给，要在不断完善制度设计的基础上培育好社会稳定风险评估服务的供给市场，使得社会稳定风险评估市场出现更多优质的第三方。①从政府层面看，政府购买社会稳定风险评估服务实践兴起时间不长，第三方市场刚刚起步，政府要充分利用好各类财政和税收政策吸引和鼓励更多社会稳定风险评估机构加入，以优惠政策推动第三方长期发展；②为了推进第三方朝着专业发展方向，政府还要经常开展业务指导，加大政策、业务等社会稳定风险评估事项的培训，迅速提升第三方专业化能力，提升其社会公信力和对社会稳定风险评估的贡献力；③随着第三方市场化不断深入，政府要继续为第三方营造更为良好的市场营商环境，对第三方进行科学的绩效评估，根据第三方提供的服务数量和质量构建良性竞争市场环境。

（二）提升第三方的专业评估能力

独立性和专业性的第三方是有效开展政府购买社会稳定风险评估服务的前提，社会稳定风险评估服务质量主要取决于第三方专业评估能力高低。第三方要不断通过体制与机制创新，努力成为能有效满足政府购买社会稳定风险评估服务所需要的独立性和专业性第三方评估机构。

（1）第三方在社会稳定风险评估服务中秉持中立性十分重要，这不仅仅是因为其独立性在一定程度上确保了社会稳定风险评估工作的客观性，还在于第三方机构的独立性与该机构的专业性程度息息相关①。我国社会组织发端于20世纪八九十年代，其诞生就是在政府主导下参与公共事务管理的，同时，实践运行中，社会组织在职责、人事、资源整合和社会影响等方面，与

---

① 成思斯. 政府购买居家养老服务运行机制研究［D］. 上海：上海交通大学，2015.

政府有着千丝万缕的关系，无形中受制于政府管理。作为社会稳定风险评估服务中的第三方同样如此，在公共性与权利性、公共利益与市场利益选择中处于两难境地。第三方的独立性与专业性是相辅相成和对立统一的关系，第三方如果缺乏独立性，就会受到权力外部要素干扰，专业判断会打上非专业的烙印，第三方如果没有强大的专业评估能力，也难以独立完成社会稳定风险评估服务。

（2）第三方在社会稳定风险评估服务过程中除了秉持独立性外，还要不断提升社会稳定风险评估的专业能力，构建第三方自主自治的发展格局。①推行持证上岗制度，湖北、江西、甘肃等地建立了第三方人员持证上岗的制度。湖北宜昌市每年都组织第三方参加由维稳办举行的社会稳定风险评估专题业务培训，江西安远县积极创新专业化的社会稳定风险评估管理模式，组织统一考试，考试合格者可获得社会稳定风险评估资格证书，以此持证上岗①；②第三方要与政府建立良好的合作关系，以专业性技术应用、专业性方案设计和专业性内容论证等优势减少政府干预，获得社会信任和提升知名度，确保提供社会稳定风险评估服务更为高效与客观；③选择好政府购买社会稳定风险评估服务的方式，第三方获取的报酬主要来自政府公共财政支出，为了摆脱行政权力干预而独立开展专业性评估，应以合同方式明确政府与第三方的权利与义务，只有第三方在经济上成为独立主体的前提下才能够理顺政府与第三方之间的关系，更好发挥各自的职能。

（3）专业评估能力是第三方的核心资源、核心竞争力和核心立足力，是第三方开展与政府对话合作的资本。①第三方要不断提升专业评估能力，加强组织内部治理，在社会稳定风险评估服务中实现强有力的决策权、执行权和监督权一体化建设，以优质服务开展与政府的合作，提供质量高、声誉好的社会稳定风险评估服务；②提升专业评估能力的关键在于建设一支素质较高的优秀社会稳定风险评估队伍，可推行专业资质认定管理机制，以资格证书或考试作为认定标准，同时，为了吸收和发展好社会稳定风险评估人才，

---

① 朱正威，石佳，吴佳，等. 社会稳定风险第三方评估：实践进展、现实障碍与优化策略 [J].江苏行政学院学报，2017（4）：96-103.

要制定出与时俱进的激励机制、培训机制、晋升机制，以情感吸引人才，以利益留住人才，以事业感召人才；③可借鉴其他领域和国外发展成熟先进的第三方治理经验，不断更新风险评估理念与技术，努力成为更加专业化的第三方。

（4）大力发展社会稳定风险评估行业协会。大力发展社会稳定风险评估行业协会，可极大提升社会稳定风险评估服务的规范化程度。2016年，全国首个社会稳定风险评估行业协会在陕西宝鸡建立，之后全国多地建立了专业性和行业属性兼有的社会稳定风险评估行业协会。社会稳定风险评估行业协会在评估工作中发挥着重要作用。①引导第三方履行社会责任。认真贯彻社会稳定风险评估的各项法律政策，严格执行稳评规范、合同范本和履行职业道德准则；②搭建第三方交流平台。通过举办论坛、讲座、发布会等方式总结社会稳定风险评估实践经验，加强第三方行业的专业化建设，实现第三方的自我发展、自我完善、自我革新和自我担当；③当好服务第三方发展的重要助手。强化品牌意识和质量意识，规范社会稳定风险评估服务标准，拓展风险评估服务范围，积极维护第三方合法权益，不断增强第三方的凝聚力和协同力；④发挥联系政府的作用。制订社会稳定风险评估行业规章制度，围绕党委政府工作大局和中心任务开展风险评估工作，为党委政府科学、民主、依法决策咨政建言；⑤发挥信息协同作用。社会稳定风险评估行业协会通过协会网站、会刊、微信、微博、QQ等现代新媒体平台，建立第三方与社会各界长效沟通的机制，为第三方提供全方位社会稳定风险评估信息服务。

在社会稳定风险评估行业协会构建中要注意如下问题：①处理好企业利益与社会效益之间的有效衔接与平衡，社会稳定风险评估行业协会作为企业有着特殊的利益诉求，但企业利益和社会利益、公共利益是可以兼容共存的，社会稳定风险评估行业协会可以通过战略规划引导第三方履行社会职责，以专业性和客观性进行社会稳定风险评估服务，这有利于有效化解社会风险和维护社会稳定，同样是实现和维护社会利益；②采用多元化管理模式，在主管部门合理引导下可吸收社会稳定风险评估专家学者、律师代表、社会人士等多元主体，对社会稳定风险评估开展综合性论证，力图实现集思广益；③优化内部治理机制，社会稳定风险评估行业协会建立之后要制定出《会员管理办法》《行业从业规范》《行业自律公约》等制度，对行业会员的竞标竞价、评估行为、约束监管等开展常态化的业务培训；④为了增强第三方的诚信意识，提高行业自律水平，规范社会稳定风险评估行为，有必要建立诚信档案，对行业协会及第三方进行业务监督、日常监督和专门监督，将其纳入社会稳定风险评估行业诚信体系建设中。

(三) 优化第三方的内部治理机制

(1) 实施分类管理。社会稳定风险评估服务作为一项管理活动，要在不同阶段实施不同管理。在社会稳定风险评估准备阶段，要充分利用风险信息进行调查研究，准确识别各类主体的利益诉求，全面收集相关的风险信息；在社会稳定风险评估论证阶段，要注重分析政府、第三方、社会公众、专家、新闻媒体等不同主体的意见，并且对意见进行系统梳理和科学论证，可按照决策目标权重值排序后进行选择；在社会稳定风险评估论证的评估报告阶段，风险沟通主要是要保证利益主体之间能进行全面性讨论、协商与整合，充分尊重各方意见和表达利益诉求；在风险防范化解阶段，政策执行的反馈和决策责任单位要落实好政策实施的主体责任，整合力量与资源，落实好防范化解机制，政府、第三方和社会要履行好全过程监管职责。

(2) 重视第三方评估结论。社会稳定风险评估结论是否科学合理，对规范第三方社会稳定风险评估工作，实现社会稳定风险评估的专业性与公正性，探索建立行业自我管理和自我监督等都有着现实意义。第三方评估结论应突出 "以社会公众为中心" 的思想，基于社会公众对社会稳定风险评估工作的知晓度、意愿度、认同度、反对度与风险感知度等维度进行定位。①知晓度评估主要是指社会公众对社会稳定风险评估服务事项的知晓和理解水平，包括公众对决策目标的理解、对决策收益与损益情况的判断、对风险防范措施的了解，以及对社会稳定风险评估服务中的知情权、同意权、参与权、申诉权、补偿权等的了解；②意愿度评估是指对社会稳定风险评估执行的意愿和配合的强度，主要包括政府对实施决策的意愿程度和公众对实施决策的意愿程度；③认同度评估是指政府对于实施决策的接纳程度和社会公众行动与意愿转变程度，主要包括政府、社会和公众对决策的接纳程度，一旦决策通过进入实施阶段后社会公众可能采取的行动和意愿转变的可能性；④反对度评估是基于公众诉求产生的不满情绪、集体性事件、暴力对抗行为等来考察社会公众对决策的不赞同程度，评估指标可包括公众合理诉求表达程度、公众不满诉求疏导程度、群体性事件减轻程度和暴力对抗化解程度等；⑤风险感知度是指针对决策可能引发社会稳定风险及风险管理的综合状况所进行的评估。评估指标可包括社会公众对政府维护社会公众利益能力的评价，公众对政府进行项目决策意图的合理性判断，公众对政府作为公共利益代言人及代表程度的判断，公众对公务员作为"人民公仆"合格程度的评价，公众对政府决策程序的合法性和依规性的评价，公众对知情权、参与权和监督权的满意度，以及公众对政府再次失信行为发生概率的判断①。

（3）社会稳定风险评估服务考核机制。社会稳定风险评估一般采取问卷调查、电话评议等方式对社会稳定风险评估服务进行满意度测评、评估结论反馈测评，并对整改情况进行跟踪督办，以此提高社会稳定风险评估服务考核评价的全面性与准确性②。重视社会稳定风险评估服务的绩效评估，坚持把绩效考核作为社会稳定风险评估服务的重要内容，可以及时解决社会稳定风险评估服务中存在的各种"懒、散、庸、拖、混"等难题。①根据社会稳定风险评估服务规则，明确社会稳定风险评估绩效的评估程序、评估内容和评估标准，兼顾突出重点与化繁为简的原则，确保社会稳定风险评估服务绩效有等级分布，形成高、中、低金字塔形分布等级，以此作为考核政府购买和第三方社会稳定风险评估服务绩效的高低；②根据评估等级、评估结论、整改情况等及时修订评估，评估结果实行向决策主体和实施主体双报备的制度，并积极推动绩效评估结论向社会公开，接受公众监督；③可以尝试进行全过程评估体系，探索建立日常考评、阶段考核、自查自纠、民主测评等多种机制进行考核。

（4）社会稳定风险评估服务责任共担机制。由于政府购买社会稳定风

---

①　李文姣. 重大决策社会稳定风险评估中的第三方介入机制研究［J］. 中共郑州市委党校学校，2021（3）：54-60.

②　李文姣. 第三方介入重大决策社会稳定风险评估的困境与机制建设［J］. 学习论坛，2020（4）：82-87.

评估服务中存在着问责程序混乱、问责内容笼统、问责主体不一致、问责标准随意化等问题，这就要积极引导问责意识，拓展问责的信息源，加大问责的制度设计力度，探索高效的异体问责和责任共担机制，实现责任共担和权责均衡。①构建责任共担和权责均衡机制，对政府和第三方有交叉的社会稳定风险评估工作内容要清晰界定，重复社会稳定风险评估服务内容要规定边界，重大政策、重大事项和重大项目决策要严格按照评估程序，做到科学决策、民主决策和规范决策；②强化政府和第三方的风险危机意识，增强风险化解意识，提升风险化解能力，增加对重点领域和关键环节的公共权力约束；③推行异体问责是一种更有效、更客观、对责任人更具有威慑力的问责机制，推行异体问责机制可促使政府和第三方在法律层面、道德层面、行为层面的自律，建构责任社会稳定风险评估、法治社会稳定风险评估。

三、完善社会层面的社会参与政府购买社会稳定风险评估服务机制

党的十九大报告对新时代社会治理作出富有深刻内涵的表述，提出要"打造共建共治共享的社会治理格局"，这对我国社会治理的发展和创新提出的新目标和新要求，体现了以人民为中心的治理理念，内涵着对人民意志的遵从和对人民参与权利的肯定。权衡社会稳定风险评估质量要突出两个评价维度，即社会公众对决策或项目的抵触和反感降到最小，以及满意度和接受度提升到最高。因此，社会层面的公众是政府购买社会稳定风险评估服务的最大受益主体，对社会稳定风险评估服务最有感受和发言权。为了进一步推动利益相关者等社会公众更加稳慎有序地参与到社会风险评估的项目中，要时刻心系社会公众的利益，最主要的就是引导社会公众积极参与到政府购买评估服务实践中来，满足社会公众所需的服务，增加总体的公共利益①。

（一）构建社会公众参与机制

政府购买社会稳定风险评估的核心使命是服务社会公众。事实上，社会

---

① 王茹佳. 政府购买社会稳定风险评估服务的管理机制研究［D］. 杭州：浙江财经大学，2021.

公众是政府购买社会稳定风险评估服务的核心"客户"，传统政府单一型评估模式将社会公众远远排除在评估体系之外，为此，社会稳定风险评估要从社会公众需求出发、以提升社会公众满意度为终点建构科学的公众参与机制。①提升社会公众参与意识，一方面，政府要重视社会公众参与，经常性开展社会稳定风险评估的教育宣传工作，以优秀评估项目教育社会公众，促使社会公众知晓更多社会稳定风险评估知识；另一方面，政府应鼓励社会公众积极参与社会稳定风险评估实践，使得更多社会公众愿意参与。②拓宽社会公众参与渠道，唯有公众参与渠道便利与完善，社会公众才会积极参与。在"互联网+"治理时代，政府与社会公众的关系更为密切，互联网平台、大数据技术应用使得政府与社会公众展开直接平等对话成为可能。因此，为了提高社会公众参与的积极性和民主性，要利用好"互联网+"社会稳定风险评估的便捷性的互联网渠道，让更多社会公众便捷及时了解社会稳定风险评估项目的内容、操作程序等风险评估核心事项。③构建有效信息反馈机制与激励机制，鼓励社会公众积极建言献策，及时将公众合理的诉求与建议反馈到评估系统，进行纠错处理。

（二）构建社会公众参与的社会监督机制

建立政府监管、第三方自我监督和社会公众监督三位一体的综合监管体系。①政府应遵循信息透明、信息公正原则及时全面披露社会稳定风险评估服务的信息，因为信息是否透明公开直接影响着社会公众的参与度和认同度，也影响到评估活动进程和评估结果的有效性与民主性；②健全社会稳定风险评估服务的社会公众听证等制度，将社会公众的参与度和满意度纳入评估框架中，督促在社会稳定风险评估过程中完善各种听证、投诉、纠错和救济等机制；③加强对新闻媒体的监督，大众传媒和互联网作为重要的监督平台，在社会稳定风险评估服务中更应发挥好的作用，对于政府或第三方在购买社会稳定风险评估服务中违规违纪违法行为要及时大胆揭露，进一步提升新闻媒体对社会稳定风险评估服务的话语权和影响力，实现社会监督效用的最大化。

（三）构建社会公众参与的信息沟通机制

政府选定第三方机构后，应及时公布有关社会稳定风险评估服务的相关信息，以此确保社会公众合理的知情权，以便对承接主体和第三方进行全过程监管。同时，要与相关主体就购买内容进行全面的沟通，购买主体是复杂多变的，其信息沟通也应是多向度的，可以通过多向度信息沟通机制帮助社会公众及时知晓社会稳定风险评估信息。全面、及时、客观的信息数据资源是实现政府购买社会稳定风险评估服务的前提条件之一。社会公众接受信息越全面、越及时、越客观，则越能形成社会公众对社会稳定风险评估工作正确的感知和判断，同时收到合理意见与建议。为此，构建政府购买社会稳定风险评估服务的信息沟通机制就需要搭建便捷的信息披露和反馈渠道，重视相关信息网络共享平台建设等[①]。

四、完善技术层面的智能化应用机制

在信息化时代里，大数据、人工智能等智能化技术在人民生活、商业活动和社会治理领域发挥着越来越重要的作用，已经成为改变政府与公民关系的新方法，也成为开展政府购买社会稳定风险评估服务中必不可少的重要工具。2015 年，《国务院关于印发促进大数据发展行动纲要的通知》指出，要建立"用数据说话、用数据决策、用数据管理、用数据创新"的管理机制。政府做出决策的过程中所考虑的各项因素离不开新技术，作为必经程序的社会稳定风险评估也需依托于新技术和智能化应用数据，新技术和智能化应用主要是以社会稳定风险要素模型库的搭建实现风险因素数据化的处理过程与体系组成，即依据社会矛盾所包含的事实特征，分析社会稳定风险所明确的各项构成要件和主要特征，围绕公众的基本意愿，由数据科学上的算法将社会矛盾分类至特定风险模型中，由此判断重大行政决策可能引发的社会稳定

---

① 王茹佳. 政府购买社会稳定风险评估服务的管理机制研究 [D]. 杭州：浙江财经大学，2021.

风险来源及其出现的概率，提出有效的风险化解机制①。在此，为了突出分析的针对性，本部分将重点阐述社会稳定风险评估中网络舆情的风险评估与技术引导机制。

随着互联网的普及与发展，以"互联网+"计划为代表的互联网形态作为新的社会舆论传播工具已经深度融入经济社会之中，实现了现实世界和虚拟世界的无缝隙对接和相互渗透，由此形成认知、态度、情感、信念和价值观等具有倾向性的网络舆情。网络舆情作为社会舆情的重要部分，具有信息传播速度快、广度大、便捷等优势，对现实生活发挥着重要功能和推动作用。同时，网络舆情又是一把双刃剑，一方面，它通过舆论民主传播渠道积极影响着公共政策、民主政治和伦理道德，积累社会正能量，推动经济发展和社会进步；另一方面，网络舆情往往所蕴含着许多非理性的成分，过激传播会进一步演绎成为非平衡群极化的极端化观点，导致网络暴力、充斥着网络虚假信息、引发不良的"蝴蝶效应"，更有甚者会引发群体性事件，影响社会稳定。按照罗伯特·希斯的观点避免危机的发生或者将危机消灭在萌芽状态是成本最小、最经济也是最成功的危机管理方法②。从管理绩效来看，具有前瞻性、预防性的机制监控无疑是实现网络舆情治理的最佳方式，因此，为实现网络舆情信息从被动防堵转为主动疏导，需要厘清网络舆情传播的内外关系和要素，根据网络舆情呈现出的事实征兆和危机信号进行风险类型评估，并嵌入一套具有前瞻性、预防性规避网络舆情风险的引导机制。

---

① 王祯军. 法治视域下大数据应用于社会稳定风险评估的作用、问题及路径 [J]. 理论月刊，2021（3）：130-140.

② 张小明. 公共危机预警机制设计与指标体系构建 [J]. 中国行政管理，2006（7）：14-19.

政策汇编

中共中央办公厅、国务院办公厅关于建立健全重大决策社会稳定风险评估机制的指导意见

（中办发〔2012〕2号）

开展重大决策社会稳定风险评估，对于促进科学决策、民主决策、依法决策，预防和化解社会矛盾，构建社会主义和谐社会，具有重要意义。近年来，各地区各有关部门认真贯彻中央精神，结合各自实际，以关系人民群众切身利益的重大工程项目建设、重大政策制定等决策事项为重点，积极探索开展社会稳定风险评估工作，取得明显成效，积累了一些经验。为切实规范和全面推进重大决策社会稳定风险评估工作，促进社会和谐稳定，现就党政机关建立健全重大决策社会稳定风险评估机制提出如下指导意见。

一、指导思想和基本要求

（一）指导思想。全面贯彻党的十七大和十七届三中、四中、五中、六中

全会精神，以邓小平理论和"三个代表"重要思想为指导，深入贯彻落实科学发展观，坚持以人为本、执政为民，把实现好、维护好、发展好最广大人民根本利益作为决策的出发点和落脚点，正确处理改革、发展、稳定的关系，着力从源头上预防和化解社会矛盾，最大限度减少不和谐因素，最大限度增加和谐因素，保障和促进经济社会又好又快发展。

（二）基本要求。开展重大决策社会稳定风险评估，必须立足基本国情，一切从实际出发，确保取得实效。

——应评尽评。凡是按规定应当进行社会稳定风险评估的重大决策事项，未经评估不得作出决策。

——全面客观。充分发扬民主，深入调查研究，广泛听取意见，全面分析论证，科学客观评估，实事求是反映决策可能引发的各种社会稳定风险及其影响程度。

——查防并重。既全面查找决策可能引发的社会稳定风险，又有针对性地采取措施加强解释引导，预防和化解社会矛盾。

——统筹兼顾。把评估结果作为决策的重要依据，统筹考虑发展与稳定、整体与局部以及不同利益和各方面的关系，审慎作出决策。

二、评估范围和内容

（三）评估范围。凡是直接关系人民群众切身利益且涉及面广、容易引发社会稳定问题的重大决策事项，包括涉及征地拆迁、农民负担、国有企业改制、环境影响、社会保障、公益事业等方面的重大工程项目建设、重大政策制定以及其他对社会稳定有较大影响的重大决策事项，党政机关作出决策前都要进行社会稳定风险评估。需要评估的具体决策事项由各地区各有关部门根据上述规定和实际情况确定。

重大工程项目建设需要进行社会稳定风险评估的，应当把社会稳定风险评估作为工程项目可行性研究的重要内容，不再另行评估。

（四）评估内容。对需要进行社会稳定风险评估的重大决策事项，重点从以下几方面进行评估。

——合法性。决策机关是否享有相应的决策权并在权限范围内进行决策，决策内容和程序是否符合有关法律法规和政策规定。

——合理性。决策事项是否符合大多数群众的利益，是否兼顾了群众的现实利益和长远利益，会不会给群众带来过重经济负担或者对群众的生产生活造成过多不便，会不会引发不同地区、行业、群体之间的攀比。拟采取的措施和手段是否必要、适当，是否尽最大可能维护了所涉及群众的合法权益。政策调整、利益调节的对象和范围界定是否准确，拟给予的补偿、安置或者救助是否合理公平及时。

——可行性。决策事项是否与本地经济社会发展水平相适应，实施是否具备相应的人力物力财力，相关配套措施是否经过科学严谨周密论证，出台时机和条件是否成熟。决策方案是否充分考虑了群众的接受程度，是否超出大多数群众的承受能力，是否得到大多数群众的支持。

——可控性。决策事项是否存在公共安全隐患，会不会引发群体性事件、集体上访，会不会引发社会负面舆论、恶意炒作以及其他影响社会稳定的问题。决策可能引发社会稳定风险是否可控，能否得到有效防范和化解；是否制定了社会矛盾预防和化解措施以及相应的应急处置预案，宣传解释和舆论引导工作是否充分。

三、评估主体和程序

（五）评估主体。重大决策社会稳定风险评估工作由评估主体组织实施。地方党委和政府作出决策的，由党委和政府指定的部门作为评估主体。党委和政府有关部门作出决策的，由该部门或者牵头部门商其他有关部门指定的机构作为评估主体。需要多级党政机关作出决策的，由初次决策的机关指定评估主体，不重复评估。根据工作需要，评估主体可以组成由政法、综治、维稳、法制、信访等有关部门，有关社会组织、专业机构、专家学者，以及决策所涉及群众代表等参加的评估小区进行评估。

（六）评估程序

1. 充分听取意见。根据实际情况，可以采取公示、问卷调查、实地走访和召开座谈会、听证会等多种方式，就决策事项听取各方面意见。对受决策影响较大的群众、有特殊困难的家庭要重点走访，当面听取意见。听取意见要注意对象的广泛性和代表性，讲清决策的法律和政策依据、决策方案、决策可能产生的影响，以便群众了解真实情况、表达真实意见。

2. 全面分析论证。分门别类梳理各方意见和情况，对决策方案的合法性、合理性、可行性和风险可控性进行全面深入研究，查找社会稳定风险点。对所有风险点逐一进行分析，参考相同或者类似决策引发的社会稳定风险情况，预测研判风险发生概率，可能引发矛盾纠纷的激烈程度和持续时间、涉及人员数量，可能产生的各种负面影响，以及相关风险的可控程度。

3. 确定风险等级。根据分析论证情况，按照决策实施后可能对社会稳定造成的影响程度确定风险等级。风险等级分为高风险、中风险、低风险 3 类，大部分群众有意见、反应特别强烈，可能引发大规模群体性事件的，为高风险；部分群众有意见、反应强烈，可能引发矛盾冲突的，为中风险；多数群众理解支持但少部分人有意见的，为低风险。风险等级的具体划分标准由各地区有关部门予以明确。

4. 提出评估报告。评估报告应当包括评估事项和评估过程，各方意见及其采纳情况，决策可能引发的社会稳定风险，风险评估结论和对策建议，风险防范和化解措施以及应急处置预案等内容。评估报告由评估主体主要负责人签字后报送决策机关，需要多级党政机关决策的要逐级上报，并抄送决策实施部门和政法、综治、维稳、法制、信访等有关部门。

四、评估结果运用和决策实施跟踪

（七）评估结果运用。重大决策须经决策机关领导班子会议集体讨论决定，社会稳定风险评估结论要作为重要依据。评估报告认为决策事项存在高风险，应当区别情况作出不实施的决策，或者调整决策方案、降低风险等级后再行决策；存在中风险的，待采取有效的防范、化解风险措施后，再作出实施的决策；存在低风险的，可以作出实施的决策，但要做好解释说服工作，妥善处理相关群众的合理诉求。作出决策后，决策机关要将评估报告送同级维稳部门。决策机关和有关部门及其工作人员要遵守工作纪律，对社会稳定风险评估报告和会议讨论情况严格保密。

（八）决策实施跟踪。决策机关要跟踪了解重大决策实施情况，实施过程中出现社会不稳定因素的，要及时组织决策实施部门有针对性地做好宣传解释和说服工作，采取措施预防和化解社会矛盾；对群众合理诉求要妥善处理，对确实存在困难的群众要给予帮扶，对不明真相的群众要耐心解释，对无理取闹制造事端的不法分子要坚决依法处理。维稳部门和政法、综治、信访等有关部门也要跟踪决策实施情况，协助做好矛盾纠纷排查调处和化解工作。决策实施引发影响社会稳定重大问题的，决策机关要暂停实施；需要对决策进行调整的，要及时调整。

五、责任追究

（九）评估责任追究。评估主体不按规定的程序和要求进行评估导致决策失误，给党、国家和人民利益以及公共财产造成较大或者重大损失等后果的，依照《中华人民共和国公务员法》的有关规定和《行政机关公务员处分条例》第二十条的规定，对责任人给予相应处分；依照《中国共产党纪律处分条例》第一百二十七条的规定，对责任人中的共产党员给予相应处分。评估主体隐瞒真实情况或者弄虚作假，给党、国家和人民利益以及公共财产造成较大或者重大损失等后果的，依照《中华人民共和国公务员法》的有关规定和《行政机关公务员处分条例》第二十二条的规定，对责任人给予相应处分；依照《中国共产党纪律处分条例》第一百三十一条的规定，对责任人中的共产党员给予相应处分。需要对责任人中的党政领导干部实行问责的，依照《关于实行党政领导干部问责的暂行规定》的有关规定处理。

（十）决策责任追究。决策机关不根据重大决策社会稳定风险评估结论、无视社会稳定风险作出实施有关事项决策，给党、国家和人民利益以及公共财产造成较大或者重大损失等后果的，依照《中华人民共和国公务员法》的有关规定和《行政机关公务员处分条例》第二十条的规定，对责任人给予相应处分；依照《中国共产党纪律处分条例》第一百二十条的规定，对责任人中的共产党员给予相应处分。决策机关在决策实施引发影响社会稳定重大问题时不暂停决策实施或者及时调整决策，给党、国家和人民利益以及公共财产造成较大或者重大损失等后果的，依照《中华人民共和国公务员法》的有关规定和《行政机关公务员处分条例》第二十条的规定，对责任人给予相应处分；依照《中国共产党纪律处分条例》第一百三十一条的规定，对责任人中的共产党员给予相应处分。需要对责任人中的党政领导干部实行问责的，依照《关于实行党政领导干部问责的暂行规定》的有关规定处理。

六、组织领导

（十一）完善工作机制。地方党委和政府主要负责人是本地区维护社会稳定工作的第一责任人，要高度重视重大决策社会稳定风险评估工作，建立健全主要负责人负总责，分管负责人直接抓，政法、综治、维稳、纪检监察、法制、信访等相关部门负责人参加的社会稳定风险评估工作领导机制，及时研究解决工作中遇到的困难和问题。中央和地方各级维稳部门要牵头做好社会稳定风险评估工作的综合协调和督促指导。

（十二）加强监督检查。地方党委和政府要切实加强对重大决策社会稳定风险评估工作的监督检查。要把建立健全社会稳定风险评估机制、推行社会稳定风险评估工作情况纳入维稳、综治工作年度考核或者专项考核内容，考核结果作为党政领导班子和领导干部综合考核评价的重要依据。

各地区有关部门要认真贯彻落实本意见，结合实际制定和完善开展重大决策社会稳定风险评估工作的具体办法，细化有关规定，完善配套制度，扎实推进重大决策社会稳定风险评估工作，坚决避免因决策不当引发社会稳定问题，切实保障和促进改革发展顺利进行。

重庆市重大行政决策程序规定

（渝府令〔2020〕337号）

第一章 总 则

第一条 为了健全重大行政决策机制，规范重大行政决策行为，保证决策质量，提高决策效率，明确决策责任，推进决策科学化、民主化和法治化，根据《中华人民共和国地方各级人民代表大会和地方各级人民政府组织法》和国务院《重大行政决策程序暂行条例》等法律法规，结合本市实际，制定本规定。

第二条 市、区县（自治县）人民政府（以下称决策机关）重大行政决策的作出和调整程序，适用本规定。

第三条 本规定所称重大行政决策是指决策机关在法定权限内对关系本行政区域经济社会发展全局，涉及重大公共利益，与公民、法人或者其他组织利益密切相关的下列事项依法作出的决策：

（一）制定公共服务、市场监管、社会管理、环境保护等方面的重大公共政策和措施；

（二）制定经济和社会发展等方面的重要规划以及其他方面重要的区域规划、专项规划；

（三）制定开发利用、保护重要自然资源和文化资源的重大公共政策和措施；

（四）决定在本行政区域实施的重大公共建设项目、处置重大国有资产；

（五）决定对经济社会发展有重大影响、涉及重大公共利益或者社会公众切身利益的其他重大事项。

重大行政决策事项目录、标准，由决策机关办公厅（室）根据本级人民政府的管理权限，结合本地实际情况组织编制，经决策机关全体会议或者常务会议审议通过后，报同级党委同意后执行。

决策机关制定的重大行政决策事项目录、标准应当向社会公布，并根据实际情况调整。具体工作由决策机关办公厅（室）负责组织实施。

第四条　法律法规对本规定第三条第一款规定事项的决策程序另有规定的，依照其规定。

以下事项不适用重大行政决策程序有关规定：

（一）制定市人民政府立法计划、拟订地方性法规草案、制定政府规章；

（二）财政政策等宏观调控决策；

（三）突发事件应急处置决策。

第五条　重大行政决策必须坚持和加强党的全面领导，全面贯彻党的路线方针政策和决策部署，发挥党的领导核心作用，把党的领导贯彻到重大行政决策全过程。

第六条　重大行政决策应当坚持科学、民主、依法决策的原则，遵循公众参与、专家论证、风险评估、合法性审查、集体讨论决定等法定程序规定。

第七条　决策机关行政首长代表本级人民政府对重大行政事项行使决策权。

决策机关分管负责人、秘书长（办公室主任）协助行政首长决策。

第八条　决策机关办公厅（室）负责组织安排本级人民政府重大行政决策活动，并提供综合服务。司法行政机关、政府政策研究与发展改革研究等单位，政府参事室、政府决策咨询专家以及政府法律顾问应当为重大行政决策提供法律、政策、专业咨询等相关服务。

第九条　下一级人民政府以及本级人民政府的组成部门、直属机构、办事机构、派出机关、派出机构、法律法规授权的组织及有关单位（以下称决策承办单位），负责承办重大行政决策的调研、方案起草与论证等前期工作。

决策承办单位可以委托专家、专业服务机构等完成专业性工作。

第十条　重大行政决策依法接受本级人民代表大会及其常务委员会的监督，根据法律法规规定属于本级人民代表大会及其常务委员会讨论决定的重大事项范围或者应当在出台前向本级人民代表大会常务委员会报告的，按照有关规定办理。上级行政机关应当加强对下级行政机关重大行政决策的监督。审计机关按照规定对重大行政决策进行监督。

第十一条　决策机关科学、民主、依法决策等情况应当作为考核评价决策机关及其领导人员的重要内容。

第二章　决策草案的形成

第一节　决策启动

第十二条　决策事项建议的启动和确定，由决策机关按照下列规定决定：

（一）重大行政决策事项目录确定的，直接进入决策程序；

（二）决策机关领导人员提出的，交有关单位研究论证后，由决策机关行政首长签发或者作出；

（三）决策机关所属部门或者下一级人民政府按照有关规定经研究论证提出的，报请决策机关分管负责人审核后由行政首长签发或者作出；

（四）人大代表、政协委员通过建议、提案等方式提出，有关主管部门经研究论证认为确有必要的，经决策机关分管负责人审核后报行政首长签发或者作出；

（五）由公民、法人或者其他组织提出书面决策事项建议的，应当说明主要理由及依据，有关主管部门经研究论证认为确有必要的，经决策机关分管负责人审核后报行政首长签发或者作出。

第十三条　决定启动决策程序的，决策机关应当明确决策承办单位，由决策承办单位负责决策事项的草案拟订等工作。决策事项需要两个以上单位承办的，应当明确牵头的决策承办单位。

第十四条　决策承办单位应当深入开展调查研究，采取多种形式广泛听取意见和建议。根据需要和相关规定听取有关国家机关、企业事业单位、人民团体、基层组织、社会组织和人大代表、政协委员等的意见，全面、准确掌握决策相关信息，形成决策调研报告，拟订决策草案。对需要进行多方案比较研究或者存在争议经协商不能达成一致意见的，可以拟订两个以上决策备选方案。

决策承办单位应当全面梳理与决策事项有关的法律、法规、规章和政策，使决策草案合法合规、与有关政策相衔接。

决策承办单位根据需要对决策事项涉及的人财物投入、资源消耗、环境影响等成本和经济、社会、环境效益进行分析预测。

第二节　公众参与

第十五条　决策承办单位可以采取召开座谈会、书面征求意见、举行听证会、问卷调查、民意调查、向社会公开征求意见、实地走访等多种方式听取意见，但依法不予公开的决策事项除外。

第十六条　决策事项有下列情形之一的，可以举行听证会：

（一）公民、法人、其他组织对决策草案有较大分歧的；

（二）可能影响社会稳定的；

（三）直接涉及公民、法人、其他组织切身利益的；

（四）涉及重大公共利益的。

公开举行听证的，同时适用《重庆市行政决策听证暂行办法》。

第十七条　决策事项以座谈会、实地走访等方式听取意见的，决策承办单位应当听取社会各方面特别是利益相关方的意见和建议。决策事项涉及特定群体利益的，应当充分听取相关人民团体、社会组织以及群众代表的意见建议。

决策事项向社会公开征求意见期限不得少于30日；因情况紧急等需要缩短期限的，公开征求意见时应当予以说明。

第十八条　决策承办单位应当对社会各方面提出的意见进行归类整理、研究论证，对合理意见应当采纳。意见研究处理情况、理由可以通过信件、电话、电子邮件告知等形式反馈提出意见的单位或者个人。

第三节　专家论证

第十九条　对专业性、技术性较强的决策事项，决策承办单位应当组织专家、专业机构对其合法性、必要性、可行性、科学性和风险可控性等进行论证。

涉及资源配置的决策，应当进行成本效益分析，其结果可以量化的应当量化。

第二十条 市、区县（自治县）人民政府应当建立重大行政决策专家咨询库，实行动态管理。

选择专家、专业机构应当坚持专业性、代表性和中立性。对论证问题存在重大分歧的，持不同意见的各方都应当有代表参加论证。

决策事项承办单位不得选取与重大行政决策事项有直接利害关系的专家、专业机构参加重大行政决策的论证。

第二十一条 参与论证的专家、专业机构应当遵守工作规则，公正、客观、科学地提出论证意见，对涉密信息应当依法履行保密义务。

决策承办单位应当为专家、专业机构提供决策论证所需的材料；不得影响参与论证的专家独立开展论证工作。

第二十二条 专家或者专业机构应当出具签名或者盖章的书面论证意见。召开专家论证会的，应当制作会议记录并由专家本人签名确认。

决策承办单位应当向提出论证意见的专家或者专业机构反馈论证意见的研究处理情况和理由。

第四节　风险评估

第二十三条 决策承办单位或者负责风险评估工作的其他单位应当组织对可能存在社会稳定、生态环境、公共安全等风险的决策草案进行风险评估。

决策承办单位或者负责风险评估工作的其他单位可以委托社会组织、专业机构等第三方开展风险评估。

第二十四条 风险评估应当制作书面评估报告，说明风险可能存在的具体情形、依据以及理由。

第二十五条 风险评估结论是作出重大行政决策的重要依据。决策承办单位应当根据风险评估结论调整决策草案或者采取防范、降低风险的措施。决策机关认为风险可控的，可以作出决策。

第三章　合法性审查和集体讨论决定

第一节　合法性审查

第二十六条　决策草案提交决策机关集体讨论前，应当由负责合法性审查的部门对下列事项进行合法性审查，并提出书面审查意见：

（一）决策事项是否符合法定权限；

（二）决策草案的形成是否履行相关法定程序；

（三）决策草案内容是否符合有关法律、法规、规章和国家政策的规定；

（四）决策依据适用是否正确；

（五）其他需要进行合法性审查的事项。

决策草案未经合法性审查或者经审查不合法的，不得提交决策机关进行讨论。对国家尚无明确规定的探索性改革决策事项，可以明示法律风险，提交决策机关讨论。

第二十七条　送请合法性审查，决策承办单位应当提供下列材料：

（一）决策草案及其说明，说明中应当包括履行决策法定程序的情况；

（二）经过公众参与的，提交社会公众提出的主要意见及其研究采纳情况；

（三）经过专家或者专业机构论证的，提交相关论证意见及其研究采纳情况；

（四）经过风险评估的，提交风险评估报告等有关材料；

（五）决策承办单位负责合法性审查的部门（机构）合法性审查意见；

（六）有关法律、法规、规章和政策规定，特别是限制性、禁止性规定；

（七）需要报送的其他材料。

在合法性审查过程中，决策机关负责合法性审查的部门应当组织政府法律顾问、公职律师提出法律意见和建议，可以要求决策承办单位补充提交相关材料或者有关单位协助审查。对提供的材料不符合要求的，负责合法性审查的部门可以退回决策承办单位。

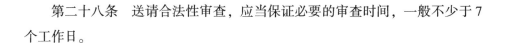

第二十八条　送请合法性审查，应当保证必要的审查时间，一般不少于7个工作日。

第二节　集体讨论决定和决策公布

第二十九条　决策草案由决策机关全体会议或者常务会议审议决定。

决策承办单位应当提交本规定第二十七条第一款规定的材料以及决策机关负责合法性审查的部门作出的合法性审查意见书。决策草案涉及市场主体经济活动的，还应当提供进行公平竞争审查的有关材料。

决策机关办公厅（室）收到前款材料之后按规定程序提请行政首长安排决策机关全体会议或者常务会议审议；认为暂不能提交审议的，应当退回决策承办单位并说明理由。

第三十条　决策草案应当经决策机关常务会议或者全体会议讨论。决策机关行政首长在集体讨论的基础上作出决定。

讨论决策草案，会议组成人员应当充分发表意见，行政首长最后发表意见。行政首长拟作出的决定与会议组成人员多数人的意见不一致的，应当在会上说明理由。

集体讨论决定情况应当如实记录，不同意见应当如实载明。

第三十一条　重大行政决策出台前应当按照规定向同级党委请示报告。

第三十二条　决策机关应当通过本级人民政府公报和政府网站以及在本行政区域内发行的报纸等途径及时公布重大行政决策。对社会公众普遍关心或者专业性、技术性较强的重大行政决策，决策机关或者决策承办单位应当说明公众意见、专家论证意见的采纳情况，通过新闻发布会、接受访谈等方式进行宣传解读。依法不予公开的除外。

第四章　决策执行和调整

第三十三条　决策机关办公厅（室）应当对重大行政决策进行工作任务责任分解，明确决策执行单位和工作要求，开展决策执行的检查、督办、考核等工作，及时向决策机关报告督查情况。

第三十四条 决策执行单位应当依法全面、及时、正确执行重大行政决策，并向决策机关报告执行情况。

决策执行单位发现重大行政决策存在问题、客观情况发生重大变化或者决策执行中发生不可抗力等严重影响决策目标实现的，应当及时报告决策机关，提出停止执行、暂缓执行或者修正决策的建议。

公民、法人或者其他组织认为重大行政决策及其实施存在问题并提出意见建议的，决策机关或者决策执行单位应当研究处理。

第三十五条 决策机关应当跟踪决策执行情况。决策时所依据的客观情况发生重大变化或者社会各方面对决策执行提出较多意见以及决策实施后明显未达到预期效果的，决策机关认为必要的可以依法组织决策后评估，并确定承担评估具体工作的单位。

委托社会组织、专业机构等进行决策后评估的，应当选取决策制定过程中未承担主要论证和评估工作的第三方进行。

开展决策后评估，应当注重听取社会公众的意见，吸收人大代表、政协委员、人民团体、基层组织、社会组织参与评估。

决策后评估结果应当作为调整重大行政决策的重要依据。

第三十六条 依法作出的重大行政决策，未经法定程序不得随意变更或者停止执行；执行中出现本规定第三十四条第二款、第三款规定的情形、情况紧急的，决策机关行政首长可以先决定中止执行；需要作出重大调整的，应当依照本规定履行相关法定程序。

依法对重大行政决策作出变更或者停止执行的，决策机关和决策执行单位应当采取措施尽量避免或者减少不利影响。

第三十七条 决策机关办公厅（室）、决策承办单位、审查部门、决策执行单位等应当按照职责分工，将履行决策程序形成的记录、材料及时完整归档，依法规范管理。

归档的记录、材料包括本规定第二十九条第二款规定的报送材料，决策机关会议纪要、会议专项记录以及决策执行过程中形成的有关材料。

第五章　法律责任

第三十八条　决策机关违反本规定的，由上一级行政机关责令改正，对决策机关行政首长、负有责任的其他领导人员和直接责任人员依法追究责任。

对违反本规定造成的决策严重失误或者依法应该及时作出决策而久拖不决，造成重大损失、恶劣影响的，依法追究行政首长、负有责任的其他领导人员和直接责任人员的法律责任。

决策机关集体讨论决策草案时，有关人员对严重失误的决策表示不同意见的，按照规定减免责任。

第三十九条　决策承办单位或者承担决策有关工作的单位未按照本规定履行决策程序或者履行决策程序时失职渎职、弄虚作假的，由决策机关责令改正，对负有责任的领导人员和直接责任人员依法追究责任。

第四十条　决策执行单位违反本规定，拒不执行、推诿执行、拖延执行重大行政决策，或者对执行中发现的重大问题瞒报、谎报或者漏报的，由决策机关责令改正，对负有责任的领导人员和直接责任人员依法追究责任。

第四十一条　承担论证评估工作的专家、专业机构、社会组织等违反职业道德或者法律、法规、规章规定的，由有关部门予以通报批评、责令限期整改；造成严重后果的，取消评估资格、承担相应责任。

第四十二条　建立重大行政决策责任追究协作机制，决策机关应当及时向纪检监察机关、司法机关移送重大行政决策违纪违法问题线索。

第六章　附　　则

第四十三条　本规定由决策机关办公厅（室）负责组织实施，并可以依据本规定制定相应的配套办法。

第四十四条　市、区县（自治县）人民政府的工作部门重大行政决策的作出和调整程序参照本规定执行。

乡镇人民政府、街道办事处重大行政决策的作出和调整程序参照本规定执行。

第四十五条 本规定自 2020 年 9 月 1 日起施行。《重庆市政府重大决策程序规定》（重庆市人民政府令 189 号）同时废止。

江苏省重大决策社会稳定风险评估
第三方机构管理办法（试行）

第一章　总　　则

第一条　为切实加强对重大决策社会稳定风险评估第三方机构管理，规范第三方机构执业行为，推动社会稳定风险评估工作高质量发展，根据有关政策法规要求，结合我省实际，制定本办法。

第二条　本办法所称第三方机构是指经党委政法委备案，受评估主体委托，运用科学方法对重大决策事项存在的影响社会稳定因素进行调查、识别、定级，提出预防和化解措施的企事业单位、社会组织或法律服务机构等。

第三条　党委政法委按照"属地管理、分级负责"的原则，加强对第三方机构参与社会稳定风险评估工作的统筹协调、监督指导和服务管理。

第二章　第三方机构备案

第四条　第三方机构从事社会稳定风险评估业务，应经过省级或市级党委政法委备案（"市级"指设区市，下同）。评估主体应当委托经过党委政法委备案的第三方机构开展社会稳定风险评估业务，有特殊专业要求的事项参照其专业规定。

第五条　第三方机构申请备案应具备以下基本条件：

（一）坚持以习近平新时代中国特色社会主义思想为指导，坚决拥护党的路线、方针、政策，坚持把实现好、维护好、发展好最广大人民群众根本利益作为风险评估工作的出发点和落脚点。

（二）在市场监管、民政、司法行政等部门登记注册，能独立承担民事责任，业务范围包含社会稳定风险评估、法律咨询事项等。

（三）有固定的办公场所和必要的办公设备；有 3 名以上人员从事社会稳定风险评估业务，从业人员具有大专以上学历，掌握社会稳定风险评估相关法律、法规、政策。

（四）具备健全的社会稳定风险评估业务管理、质量控制、责任分工、档案管理、保密管理等内部管理制度。

市级党委政法委可以根据当地经济社会发展实际情况，在以上基本条件的基础上，制定具体资信评价标准。

第六条　第三方机构向市级党委政法委申请备案，按要求报送相关材料并接受审核。市级党委政法委或受委托的县级党委政法委对第三方机构的营业执照、执业许可登记资料等进行核验，对办公场所进行现场考察，对业务人员数量、学历、机构管理文件等进行核查，并对申报资料编制进行指导。

第七条　审核工作完成后，市级党委政法委在当地市级媒体平台上公示 5 个工作日。公示期满无异议的，从业人员参加市级党委政法委组织的培训，培训合格并取得培训证书后，对第三方机构予以备案，同时签定保密协议。经备案的第三方机构需要进行年度检查核实。

第八条　市级党委政法委向省级党委政法委择优推荐第三方机构，经省级党委政法委审核备案后，第三方机构可承接省级和其他设区市社会稳定风险评估业务。第三方机构在其他设区市承接业务，应事先向事项所属地的市级党委政法委报备，接受业务指导和监督管理。

第九条　第三方机构注册地、住所地、法定代表人等登记信息发生重大变更的，应当及时向登记注册地市级党委政法委报告；机构名称发生变更的需重新申请备案。

第三章　工作规范

第十条　评估主体（委托方）根据社会稳定风险评估事项的复杂程度、

工作体量、费用支出等因素，以及第三方机构从业范围、从业类型、从业业绩、信用记录、保密管理、工作力量、专业技能等，通过公开招标、邀请招标、竞争性谈判、询价等方式择优确定第三方机构。

第十一条　第三方机构享有以下权利：

（一）获得与履行社会稳定风险评估职责相关的文件、资料及其他必需的工作条件。

（二）依据事实和有关法律、法规、政策规定，独立自主评定风险等级，制定预防和化解措施。

（三）参加相关的会议活动。

（四）获取相应的劳动报酬。

第十二条　第三方机构应当履行以下义务：

（一）遵守国家法律、法规和政策，遵守社会公德，自觉维护市场公平交易秩序。

（二）遵守社会稳定风险评估工作的各项规定、程序和要求。

（三）依法维护评估主体的合法权益，保守秘密，恪守职业道德。

（四）遵守诚实守信原则，不得违法进行转包、挂靠等，不得实施不正当竞争行为，不得以非法手段谋取利益。

（五）不得以欺骗、隐瞒等手段进行调查、测评和征求意见，实事求是、客观公正地出具社会稳定风险评估报告。

（六）不得利用评估工作期间获得的非公开信息或便利条件牟取利益。

（七）向评估主体提供优质、高效服务。

第十三条　评估主体和第三方机构应当按照《第三方社会稳定风险评估规范》（江苏省地方标准 DB32/T4013-2021）开展社会稳定风险评估工作；根据实际情况，可参考《社会稳定风险评估委托合同》权利义务内容，提高相关评估工作标准，但不得违反法律法规和中央、省相关规范文件的基本要求。

第十四条　属地党委政法委应督促评估主体、第三方机构建立健全保密制度，妥善管理处置评估原始资料；第三方机构发生撤销、吊销、注销等重大事项的，应及时将社会稳定风险评估相关资料送市级党委政法委封存或销毁。

第十五条　第三方机构运用江苏省社会稳定风险评估信息系统，按照要求做好同步录入和上传资料工作。

第四章　责任追究

第十六条　各级党委政法委加强对第三方机构执业行为的检查指导和监督管理，推动提升第三方机构风险评估工作能力和水平。

第十七条　党委政法委发现第三方机构存在下列违法违规行为的，风险评估报告不予备案，并视情预警提示、限期整改、取消第三方机构备案；涉嫌违法犯罪的，向有关部门移送证据线索。

（一）预警提示

1. 风险调查不尽职或风险识别不全面，风险等级判定与风险调查结果明显不符，降低风险措施缺乏针对性或可操作性，编制风险评估报告不规范、不准确。

2. 采取不正当竞争等方式扰乱市场秩序，影响社会稳定风险评估质效的。

3. 泄露社会稳定风险评估事项相关信息，造成不良影响的。

4. 事项所在地党委政法委或有关部门认为存在影响社会稳定风险评估工作质效的其他情形。

（二）限期整改

1. 相关制度执行不到位、管理混乱。

2. 弄虚作假，虚构风险调查资料或数据；以虚假信息、诱导性表述等方式获取专家咨询、论证或评审会肯定性意见；故意隐瞒社会稳定风险因素，作出低风险评估结论，或者故意抬高风险等级。

3. 未经评估主体同意，转包、分包社会稳定风险评估业务。

（三）取消第三方机构备案

1. 以虚假资料骗取第三方机构备案。

2. 在社会稳定风险评估工作中因贿赂或泄露国家秘密、商业秘密等违法犯罪行为被司法机关追究法律责任。

3. 因社会稳定风险评估问题，引发重大不稳定事端，造成严重后果或重大社会影响。

4. 不接受登记注册地党委政法委年度检查核实，或年度检查核实不符合第三方机构基本条件。

第十八条 社会稳定风险评估从业人员具有违法违规行为的，收回其培训证书，涉嫌违法犯罪的，由司法机关依法追究法律责任。

第十九条 公民、法人或其他组织认为第三方机构存在违法违规问题的，依法向相关部门投诉举报。

第五章 附 则

第二十条 本办法由中共江苏省委政法委员会负责解释。

第二十一条 本办法自 2021 年 9 月 1 日起施行。

江苏省重大决策社会稳定风险评估
专家库管理办法（试行）

第一章 总 则

第一条 为规范重大决策社会稳定风险评估专家库建设管理，建立一支高素质、专业化社会稳定风险评估专家队伍，提升全省社会稳定风险评估工作的科学性、专业性、权威性，根据有关政策法规要求，结合我省实际，制定本办法。

第二条 本办法所称社会稳定风险评估专家是指经县级以上党委政法委选聘，以独立身份参加社会稳定风险评估报告评审，纳入社会稳定风险评估专家库管理的人员。

第三条 本办法适用于社会稳定风险评估专家库的成员选聘、管理、监督等工作。

第四条 党委政法委负责社会稳定风险评估专家库建设管理工作。

第五条 社会稳定风险评估专家库建设遵循"严格准入、分类建库、分级管理、统筹使用"的原则，党委政法委根据评审工作需要，建立省市县三级专家库（区根据实际情况定）。

第二章 专家库成员选聘

第六条 社会稳定风险评估专家库的规模、构成，应当与社会稳定风险评估工作相适应，并动态调整。

社会稳定风险评估专家库成员在党政机关、企事业单位、科研院所、高等院校和社会组织等熟悉相关业务的机关干部、专家学者或善于做群众工作的社会管理人员中选聘。

第七条　社会稳定风险评估专家人选应具备以下条件：

（一）坚持以习近平新时代中国特色社会主义思想为指导，坚决拥护党的理论、路线、方针、政策。

（二）具有中级以上专业技术职称，在本专业范围内具备较高的技术水平和决策咨询能力（省级专家应具有高级以上专业技术职称）；或在党政机关长期从事管理工作，掌握相关法律法规和政策；或长期从事社会稳定工作，具有开展群众工作的丰富实践经验。

（三）熟悉社会稳定风险评估法规和政策，掌握社会稳定风险评估工作的程序、规范和要求。

（四）热心社会稳定风险评估工作，身体健康，有时间和精力完成相关工作。

（五）坚持原则、遵纪守法、作风正派、廉洁自律、品行端正，未受过刑事处罚和党纪政纪重处分。

第八条　专家库人员选聘按照以下程序进行：

（一）发布公告。党委政法委根据专家库建设需要，发布征集选聘专家库成员公告，并组织实施。

（二）入库申请。申请人员填写《重大决策社会稳定风险评估专家库入库申请表》，并附相关证明材料，通过个人自荐、单位推荐等方式提交党委政法委。

（三）资格审核。党委政法委负责审核本层级专家库人员入库申请资料，并遴选出拟入库专家人选。

（四）公示。党委政法委将拟入库专家予以公示，公示期为5个工作日。对公示专家有异议的，在公示期内提出，由党委政法委进行调查核实，决定是否选聘。

（五）颁发聘书。专家库成员实行聘任制。党委政法委根据公示情况，向入库专家颁发《重大决策社会稳定风险评估专家聘书》，聘期3年，到期后自动解聘。聘期结束后，无本办法第五章资格终止和解聘情形的人员，可以再次申请入库。

第三章 专家库管理与维护

第九条 党委政法委加强对专家库成员的管理，根据不同专业特点逐步实现分类建库。省市县专家库成员可统筹使用。

第十条 省委政法委加强全省社会稳定风险评估信息系统建设，开发专家库管理模块，实现专家在线选派、智能通知、自动提醒等功能，提升专家库信息化管理水平和评审效率。

第十一条 党委政法委依托全省社会稳定风险评估信息系统，定期对在库专家信息进行更新维护。

第四章 专家权利与义务

第十二条 社会稳定风险评估专家库成员享有以下权利：

（一）受邀专家有调阅有关文件资料、参与调查、向有关人员了解情况的权利。

（二）对社会稳定风险评估过程中发现的弄虚作假行为，有权向党委政法委反映。

（三）独立自主作出评审意见。

（四）获得相应劳动报酬。

第十三条 社会稳定风险评估专家库成员应当履行以下义务：

（一）客观公正开展评审工作，认真履行工作职责。

（二）自觉接受党委政法委管理，积极参加专家评审会议及有关活动。

（三）主动回避与专家库成员本人或其近亲属等有直接利害关系的评审事项，不参加本人所在单位组织开展的评审事项。

（四）严格遵守社会稳定风险评估工作有关规定和保密纪律，按要求签定保密协议。

（五）不得利用专家库成员名义从事商业营利性活动。

（六）自觉接受纪检监察机关和社会各界的监督。

（七）依约定应履行的其他义务。

第五章　专家资格终止和解聘

第十四条　社会稳定风险评估专家有下列情形之一的，终止其专家资格：

（一）本人主动请辞的。

（二）因工作岗位调整，不宜再担任专家的。

（三）因身体健康等原因不能承担评审任务的。

（四）其他原因。

第十五条　社会稳定风险评估专家有下列情形之一的，党委政法委予以解聘：

（一）违反评审工作纪律，在参加咨询、评审工作中泄露保密事项内容。

（二）不服从工作安排，聘期内无正当理由，3 次以上不参加评审工作的。

（三）受到刑事处罚或党纪、政纪重处分的。

（四）有其他不宜继续从事评审工作情形的。

第十六条　社会稳定风险评估专家资格终止或解除聘用，由党委政法委予以公告。

第十七条　被终止社会稳定风险评估专家资格的人员，重新申请加入专家库的，按照本办法第八条规定程序办理。被党委政法委解除聘用资格的人员，不得重新申请加入专家库。

第六章　附　　则

第十八条　本办法由中共江苏省委政法委员会负责解释。

第十九条　本办法自 2021 年 9 月 1 日起施行。

重大决策社会稳定风险评估行业自律公约

第一章 总 则

第一条 为贯彻落实党中央关于加强重大决策社会稳定风险评估机制建设的精神和部署，更好服务高质量发展和风险防范化解工作，推动重大决策社会稳定风险评估（以下简称社会稳定风险评估）机构自觉履行法律责任和社会责任，规范从业行为，形成良好秩序，维护合法权益，提升服务质量，实现依法评估、健康发展，经共同协商，制定本公约。

第二条 本公约由中国应急管理学会社会风险评估与治理工作委员会组织高校学者和部分社会稳定风险评估机构研究制定。社会风险评估与治理工作委员会和共同发起单位，倡议各地社会稳定风险评估机构签署加入本公约并共同遵守。社会风险评估与治理工作委员会会员应模范遵守本公约。

第三条 各地社会稳定风险评估机构、协会和促进会可自愿申请加入本公约，也可经告知后退出本公约。签署加入本公约的，即为公约成员单位。

第二章 自律条款

第四条 坚持以习近平新时代中国特色社会主义思想为指导，认真学习贯彻中央决策部署，尊法学法守法用法，增强社会责任感，严格履行法律责任，充分发挥自身优势，积极服务科学决策、民主决策、依法决策，为社会风险防范化解和国家治理现代化做出贡献。

第五条 恪守职业伦理，遵守职业纪律，强化职业道德指引。开展行业诚信建设，建立诚信评价体系。依法评估、诚信经营、公平竞争，共同营造公平公正、健康有序的市场环境。推进行业公开透明，增强社会公信力，提升行业开放度和活力。同行之间互相尊重、互相学习、团结协作，争先创优。

第六条　大力推动社会稳定风险评估科学化、专业化、社会化、法治化、智能化。深入总结我国社会稳定风险评估实践，积极学习应用先进的风险评估理论、方法、工具，借鉴国际有益做法，加强理论创新、制度创新、实践创新，形成具有我国特色的引领性成果。完善内部管理制度和工作程序，规范运营行为，提高评估质量和效能，增强评估结论的科学性和风险防控措施的针对性、有效性。

第七条　坚持以人民为中心的发展思想，努力做到独立、客观、公正、严谨，提供规范、优质服务。科学、全面、系统、动态地评估社会稳定风险，实事求是地确定风险等级，如实出具社会稳定风险评估证明文件。不弄虚作假、隐瞒真实情况或编造虚假数据信息，不作有歧义或误导性的评估结论，不出具虚假证明文件。

第八条　坚决抵制各种违法行为和不良风气。反对不正当竞争，不搞恶性竞争，坚决抵制商业贿赂和腐败行为。拒绝借用其他单位名义或通过挂靠等方式承揽业务。

第九条　依法合规开展评估，信守合同，增强评估事项委托协议文本的合规性。遵守国家保密法律法规。履行评估事项委托单位有关规定、约定，未经许可不得向第三方透露在评估服务中获得的文件资料和有关信息。依法保护知识产权，抵制抄袭盗用相关咨询成果和技术资料、窃取同行商业机密的行为，支持对此类不当行为进行处理。

第十条　加强风险评估标准化体系建设，推动形成全国统一的评估标准。探索制定社会稳定风险评估团体标准、行业标准、国家标准。遵守评估标准和制度，不断提高评估质量和行业规范化水平。严格评估报告同行评审、外部专家评价制度。积极参加优秀评估案例研讨交流宣传活动，发挥典型引领作用。

第十一条　加强自身建设，提升从业人员素质、机构管理水平和服务能力。

第十二条 深入研究社会稳定风险评估行业发展问题，积极提出行业建设、发展和管理等方面的对策建议。

第十三条 积极应用现代科技手段，开发具有自主知识产权的风险调查、分析工具和评估软件。

第十四条 支持建设行业信息系统、诚信信息档案、专家库和人才交流平台，参与共建共享系统的开发及应用。

第十五条 自觉接受社会各界监督和批评，积极改进工作和作风。

第三章 监督检查

第十六条 公约成员单位可经民主选举设立行业自律小组，负责本公约的具体执行。行业自律小组可建立公约成员单位信用档案，对公约成员单位履行公约情况进行监督检查，受理有关公约成员单位的投诉、举报、申诉，并对违反本公约的行为进行调查。

第十七条 公约成员单位对履行本公约的情况进行年度自评总结，并向行业自律小组报备。行业自律小组可对有关情况进行问询。

第十八条 公约成员单位之间在市场竞争中发生纠纷时，除应诉诸法律的以外，应本着互信、互谅、互让的原则，通过平等协商加以解决。若协商不成，可提请行业自律小组调解。

第十九条 对公约成员单位存在不正当行为的，相关社会稳定风险评估机构、评估事项委托单位及利益相关者等可向行业自律小组反映。被反映的公约成员单位应主动配合行业自律小组调查。

第四章 褒扬与惩戒

第二十条 公约成员单位守约、违约的记录，可供社会公众查询和行业年报发布等正当使用。

第二十一条 行业自律小组单独或会同地方行业协会、促进会，以适当方式对具有优良守约记录的公约成员单位予以肯定、鼓励。将公约成员单位优良守约记录作为典型宣传、推荐优质评估机构的首要条件。社会风险评估与治理工作委员会会员单位履行公约的情况，作为推荐其任学会理事单位的重要条件。

第二十二条　公约成员单位如违反公约条款，行业自律小组将根据其情节轻重给予以下处理。

（一）以书面、电话或约谈等形式提醒、告诫。

（二）予以内部通报。

（三）取消公约成员单位资格。是社会风险评估与治理工作委员会会员的，暂停会员资格；建议学会取消其理事单位和会员资格。

（四）降低信用评价等级。

（五）通报当地主管部门，建议予以处罚。

对处理持有异议的公约成员单位，享有陈述权和申辩权。

第二十三条　所有公约成员单位均有权对公约执行机构执行本公约的合法性、公正性进行监督。

第五章　附　　则

第二十四条　本公约经共同发起单位法定代表人或其委托的代表签字后生效。各社会稳定风险评估机构、行业协会和促进会自签署加入本公约之日起，即应遵守本公约各项约定。

第二十五条　社会风险评估与治理工作委员会负责本公约的解释、修订。可根据形势发展、公约成员单位提议、有关部门建议，组织对本公约进行修订，经公约成员单位代表开会审议通过，并公开征求意见后，予以发布。

第二十六条　本公约所列条款，凡国家法律法规政策已有规定的，以国家法律法规政策为准。

发起单位：

中国应急管理学会社会风险评估与治理工作委员会

共同发起单位：

北京市首都规划设计工程咨询开发有限公司

北京市工程咨询有限公司

天津国际工程咨询集团有限公司

上海投资咨询集团有限公司

广东省国际工程咨询有限公司

青岛市工程咨询院

南京大学社会风险与公共危机管理研究中心

河海大学社会稳定风险评估研究中心

华东政法大学社会管理与公共安全研究中心

中南大学社会稳定风险研究评估中心

附件二

政府购买社会稳定风险评估服务研究调查问卷

尊敬的女士/先生：

非常感谢您参加本次问卷调查。本次调查问卷经由 2023 年重庆市教委人文社科研究基地项目"新安全格局保障新发展格局下政府购买社会稳定风险评估服务平台与机制优化"课题组、中国未来学会 2022 年度重点规划项目"社会稳定风险评估的专家资质标准研究"课题组指导、审核与批准，主要面向政府购买社会稳定风险评估服务中各类机构，涉及社会稳定风险评估的专家资质标准、第三方社会稳定风险评估组织的法治化、专业化、社会化和智能化等问题，对促进与优化政府购买社会稳定风险评估服务体系与能力有重要意义。如果您愿意参与本次调查，请尽量回答所有问题并选择您认为的最佳答案。问卷结果仅用于学术研究，所有调查研究将严格保密，不会服务于任何商业活动，不会对答案内容进行个案处理，不会披露个体信息。

诚挚感谢您的支持与帮助，祝您工作顺利、生活愉快！

Q1. 您的性别：[单选题]

○男 ○女

Q2. 您的年龄是？［单选题］

○20 岁及以下

○21-35 岁

○36-50 岁

○51-65 岁

○66 岁及以上

Q3. 在完成本次调查问卷分析后，可寄送一份分析报告给您，您希望收到一份吗？

○是（　　），请您留下地址与联系方式（　　　　）

○否

Q4. 下列政府购买社会稳定风险评估服务制度建设方面的表述，您认为准确的是（　　）。（可多选）

A. 地方党委政府出台了政府购买社会稳定风险评估服务制度

B. 地方成立了行业协会并制定了行业规范和准则

C. 第三方社会稳定风险评估组织内部制定了管理制度

D. 国家层面的社会稳定风险评估管理制度

E. 以上都不准确

Q5. 第三方社会稳定风险评估组织应具备哪些条件？（　　）（可多选）

A. 有符合要求的从业人员和资质

B. 拥有良好的评估能力和较好的资源禀赋能力

C. 组织机构人员构成合理，专家专业素养较高

D. 具有良好社会影响力，获得了一定社会声誉（如案例大赛、评估先进组织等）

E. 以上都不准确

Q6. 下列有关第三方总体描述中，您认为准确的是（　　）。（可多选）

A. 所处社会环境较好，恶性竞争较少

B. 政府认同度较高，社会稳定风险评估项目较多

C. 社会认同度较好，对于社会稳定风险评估价值认同度高

D. 整体服务绩效较好

E. 以上都不准确

Q7. 下列有关第三方社会稳定风险评估组织的评估技术描述，您认为恰当的是（　　）。（可多选）

A. 有效进行问卷、访谈、座谈和循环性论证

B. 对社会稳定风险评估中的风险指标进行内涵与外延界定

C. 对风险评估进行前期、过程和结果进行跟踪与反馈

D. 防范化解风险措施具有可行性和针对性

E. 以上都不准确

Q8. 下列有关第三方社会稳定风险评估组织的监督的描述，您认为恰当的是（　　）。（可多选）

A. 体制内监督作用较好

B. 行业协会出台规范，监督作用较好

C. 专家意见客观公正，专家评审会作用较大

D. 新闻媒体和社会公众积极参与社会稳定风险评估监督工作

E. 以上都不准确

Q9. 有关第三方社会稳定风险评估组织的效能，您认为恰当的是（　　）。（可多选）

A. 获得政府的认同与信任

B. 社会稳定风险评估结果获得政府采用与实施

C. 获得普遍性社会认同与赞誉

D. 第三方社会稳定风险评估组织在当地风险评估实践中有良好的示范作用

E. 以上都不准确

Q10. 您所在地政府出台了哪些政府购买社会稳定风险评估服务制度？（　　）（可多选）

A. 关于政府购买社会稳定风险评估服务的指导意见或实施办法

B. 关于第三方社会稳定风险评估组织的管理办法

C. 获得社会稳定风险评估专家库组建的管理办法

D. 关于社会稳定风险评估的监督、考核和激励机制

E. 其他创新性制度

Q11. 下列有关第三方社会稳定风险评估组织的专家资质描述，您认为恰当的是（　　）。（可多选）

A. 认同政府组织的相关培训获得的资质

B. 认同行业协会的相关培训获得的资质

C. 认同社会稳定风险评估研究机构的相关培训获得的资质

D. 认同专家所在组织相关鉴定获得的资质

E. 以上都不准确

Q12. 下列观点称述了大量优化政府购买社会稳定风险评估服务的措施，请根据实际情况选择，1 表示非常不同意，5 表示非常同意。

1. 加强社会稳定风险评估政策指导与保障的必要性

○1 非常不同意　○2 不同意　○3 不确定　○4 同意　○5 非常同意

2. 明确社会稳定风险评估主体责任边界非常有必要

○1 非常不同意　○2 不同意　○3 不确定　○4 同意　○5 非常同意

3. 强化社会稳定风险评估行业监管，建立第三方社会稳定风险评估组织发展规范与标准（准入机制、退出机制、激励机制）非常有必要

○1 非常不同意　○2 不同意　○3 不确定　○4 同意　○5 非常同意

4. 社会稳定风险评估从业人员纳入职业资格考试非常有必要

○1 非常不同意　○2 不同意　○3 不确定　○4 同意　○5 非常同意

5. 提升社会稳定风险评估从业人员的专业技能非常有必要

○1 非常不同意　○2 不同意　○3 不确定　○4 同意　○5 非常同意

6. 提升社会稳定风险评估专家的理论素养与评估能力非常有必要

○1 非常不同意　○2 不同意　○3 不确定　○4 同意　○5 非常同意

7. 提升与加强社会对社会稳定风险评估的认识非常有必要

○1 非常不同意　○2 不同意　○3 不确定　○4 同意　○5 非常同意

8. 提升与加强委托单位对社会稳定风险评估的认识非常有必要

○1 非常不同意　○2 不同意　○3 不确定　○4 同意　○5 非常同意

9. 提升与加强属地政府单位对社会稳定风险评估的认识非常有必要

○1 非常不同意　○2 不同意　○3 不确定　○4 同意　○5 非常同意

10. 社会稳定风险评估缺乏一定的激励机制

○1 非常不同意　○2 不同意　○3 不确定　○4 同意　○5 非常同意

11. 很多社会稳定风险评估实际工作与经费投入不匹配

○1 非常不同意　○2 不同意　○3 不确定　○4 同意　○5 非常同意

12. 很多第三方社会稳定风险评估的评估程序不规范

○1 非常不同意　○2 不同意　○3 不确定　○4 同意　○5 非常同意

13. 很多第三方社会稳定风险评估的评估报告不规范

○1 非常不同意　○2 不同意　○3 不确定　○4 同意　○5 非常同意

14. 很多第三方社会稳定风险评估的问责机制不健全

○1 非常不同意　○2 不同意　○3 不确定　○4 同意　○5 非常同意

15. 大部分政府或领导对评估结果不干涉

○1 非常不同意　○2 不同意　○3 不确定　○4 同意　○5 非常同意

16. 在风险调查过程中社会公众给予了积极配合

○1 非常不同意　○2 不同意　○3 不确定　○4 同意　○5 非常同意

17. 应加强风险分析的方法培训

○1 非常不同意　○2 不同意　○3 不确定　○4 同意　○5 非常同意

18. 在政府购买社会稳定风险评估服务中进行多轮循环的访谈对调查结果客观性影响

○1 非常不同意　○2 不同意　○3 不确定　○4 同意　○5 非常同意

19. 应加强社会风险评估的理论培训

○1 非常不同意　○2 不同意　○3 不确定　○4 同意　○5 非常同意

Q13. 您对优化政府购买社会稳定风险评估服务还有哪些建议？

访谈提纲

1. 请您谈谈社会稳定风险评估的专家资质情况及其优化方向。

2. 请您谈谈您对政府购买社会稳定风险评估服务的制度供给机制、合同管理机制、信息公开机制、监督评价机制、责任追究机制等方面的认识。

3. 请您结合第三方社会稳定风险评估组织的实践，谈谈您对第三方社会稳定风险评估组织的行业自律、内部建设、专业能力等情况的认识。

4. 请您结合重大行政政策实践，谈谈您对社会公众的参与意识、参与素质、参与平台和信息沟通等情况的认识。

5. 请您结合"'互联网+'社会稳定风险评估"实践，谈谈您对政府购买社会稳定风险评估服务中如何应用好大数据、人工智能实现智慧社会稳定风险评估等问题的认识。

参考文献

一、著作类

[1] 塞缪尔·亨廷顿. 变化社会中的政治秩序 [M]. 王冠华, 刘为, 等译. 北京: 生活·读书·新知三联书店, 1989.

[2] 萨巴蒂尔. 政策过程理论 [M]. 彭宗超, 钟开斌, 等译. 北京: 生活·读书·新知三联书店, 2004.

[3] 乌尔里希·贝克. 风险社会 [M]. 张文杰, 何博闻, 译. 南京: 译林出版社, 2004.

[4] 安东尼·吉登斯. 现代性与自我认同 [M]. 赵旭东, 方文, 王铭铭, 译. 北京: 生活·读书·新知三联书店, 1998.

[5] 保罗·斯洛维奇. 风险的感知 [M]. 赵延东, 林垚, 冯欣, 等译. 北京: 北京出版社, 2007.

[6] 杰弗里·萨克斯. 贫穷的终结 [M]. 邹光, 译. 上海: 上海人民出版社, 2007.

[7] 伊恩·艾瑞斯. 大数据: 思维与决策 [M]. 宫相真, 译. 北京: 人民邮电出版社, 2014.

[8] 陈潭. 大数据时代的国家治理 [M]. 北京: 中国社会科学出版社, 2015.

［9］唐钧. 社会稳定风险评估与管理［M］. 北京：北京大学出版社，2015.

［10］徐权贵，崔健. 重大事项社会稳定风险评估理论与实践［M］. 南京：江苏人民出版社，2010.

［11］曾永泉. 转型期中国社会风险预警指标体系研究［M］. 武汉：华中科技大学出版社，2015.

［12］朱德米. 重大决策事项的社会稳定风险评估研究［M］. 北京：科学出版社，2016.

［13］李志军. 重大公共政策评估理论、方法与实践［M］. 2 版. 北京：中国发展出版社，2016.

［14］王银梅. 社会稳定及预警机制研究［M］. 北京：法律出版社，2009.

［15］姜平. 突发事件应急管理［M］. 北京：国家行政学院出版社，2011.

［16］张海波. 公共安全管理整合与重构［M］. 北京：生活·读书·新知三联书店，2012.

［17］江国华，梅扬. 重大行政决策程序法学研究［M］. 北京：中国政法大学出版社，2019.

［18］魏建新. 行政决策参与问题研究［M］. 北京：法律出版社，2018.

［19］刘尚华. 社会稳定的科学评估体系研究［M］. 济南：山东大学出版社，2011.

［20］付翠莲. 重大事项社会稳定风险评估机制研究［M］. 北京：中国社会科学出版社，2011.

［21］薛晓源，周战超. 全球化与风险社会［M］. 北京：社会科学文献出版社，2005.

［22］徐慧智. 政府重大决策社会稳定风险评估——重大政策、大型活动和基础设施［M］. 北京：知识产权出版社，2020.

［23］顾严，张本波. 重大决策社会稳定风险评估研究［M］. 北京：人民出版社，2018.

［24］廉如鉴. 社会治理视野下的重大决策社会稳定风险评估［M］. 北京：人民出版社，2018.

［25］张玉磊. 健全重大决策社会稳定风险评估机制：一项制度创新的可持续发

展研究 [M]．北京：中国社会科学出版社，2018．

[26] 林鸿潮，彭浩．社会稳定风险评估的法律机制研究 [M]．北京：中国法制出版社，2021．

[27] 尹利民．社会稳定风险评估的双重驱动与逻辑 [M]．北京：知识产权出版社，2020．

[28] 黄顺康．公共危机管理与危机法制研究 [M]．北京：中国检察出版社，2006．

[29] 何显明．群体性事件的发生机理及其应急处置：基于典型案例的分析研究 [M]．上海：学林出版社，2010．

[30] 王骚，李如霞．面向公共危机与突发事件的政府应急管理 [M]．天津：天津大学出版社，2013．

[31] 童星，张海波．中国转型期的社会风险及其识别 [M]．南京：南京大学出版社，2007．

[32] 张成福，唐钧，谢一帆．公共危机管理理论与实务 [M]．北京：中国人民大学出版社，2009．

[33] 薛澜，张强，钟开斌．危机管理：转型期中国面临的挑战 [M]．北京：清华大学出版社，2003．

[34] 吴江．公共危机管理能力 [M]．北京：国家行政学院出版社，2005．

[35] 俞可平．国家治理评估——中国与世界 [M]．北京：中央编译出版社，2009．

[36] 张永理，李程伟．公共危机管理 [M]．武汉：武汉大学出版社，2010．

[37] 陈毅．风险、责任与机制责任政府化解群体性事件的机制研究 [M]．北京：中央编译出版社，2013．

[38] 金冰洁．我国政府购买公共服务的运行机制及创新路径研究 [M]．北京：北京理工大学出版社，2017．

[39] 姚文胜．政府采购法律制度研究 [M]．北京：法律出版社，2009．

[40] 廖秀健，刘白．重大决策风险评估机制优化研究 [M]．长春：吉林大学出版社，2018．

[41] 周燕，肖军飞．社会稳定风险评估理论与实务研究 [M]．北京：中国商务出版社，2022．

［42］甘永祥，等．社会风险与社会稳定风险评估［M］．重庆：重庆出版社，2014.

二、期刊类

［1］张小明．我国社会稳定风险评估的经验、问题与对策［J］．行政管理改革，2014（6）.

［2］蒋俊杰．我国重大事项社会稳定风险评估机制：现状、难点与对策［J］．上海行政学院学报，2014（2）.

［3］童星．探索公共决策科学性与民主性的统一：评《公共理性决策模型的理论构建》［J］．公共管理学报，2014（2）.

［4］廖秀健，刘白．重大决策社会稳定风险评估的困境及其规制——以重庆"短命医改"为例［J］．中国行政管理，2016（1）.

［5］彭宗超，曹峰，李贺楼，等．社会生态系统治理视角下的中国社会稳定风险评估的理论框架与指标体系新探［J］．公共管理评论，2013（2）.

［6］薛晓源，刘国良．全球风险世界：现在与未来——德国著名社会学家、风险社会理论创始人乌尔里希·贝克教授访谈录［J］．马克思主义与现实，2005（1）.

［7］童星，张海波．群体性突发事件及其治理——社会风险与公共危机综合分析框架下的再考量［J］．学术界，2008（2）.

［8］卢超．"社会稳定风险评估"的程序功能与司法判断——以国有土地征收实践为例［J］．浙江学刊，2017（1）.

［9］张诗晨，廖秀健．重大决策社会稳定风险评估机制反思与完善——基于30起环境群体性事件的实证分析［J］．电子政务，2017（4）.

［10］尹奎杰，王箭．重大行政决策行为的性质与认定［J］．当代法学，2016（1）.

［11］林鸿潮．重大行政决策社会稳评体制的批判与重构［J］．行政法学研究，2018（3）.

［12］张乐，童星．重大决策社会稳定风险评估路径的优化：公众参与环节的再思考［J］．广州大学学报（社会科学版），2016（10）.

［13］邹东升，陈昶．"循证式"重大行政决策社会稳定风险评估建构［J］．电子政务，2019（12）.

［14］成协中. 风险社会中的决策科学与民主——以重大决策社会稳定风险评估为例的分析［J］. 法学论坛, 2013 (1).

［15］马怀德. 完善权力监督制约关键在于决策法治化［J］. 廉政文化研究, 2015 (4).

［16］刘泽照, 朱正威. 中国社会稳定风险评估实践框架及关键着力点［J］. 西南大学学报 (社会科学版), 2014 (5).

［17］钟宗炬, 张海波. 重大决策社会稳定风险评估的类型划分与案例分析［J］. 南京社会科学, 2021 (11).

［18］李琼, 詹夏情. 空间治理视角下的城市社会稳定风险评估与防控研究——基于 S 市河道整治工程的调查［J］. 同济大学学报 (社会科学版), 2020 (5).

［19］李琼, 杨洁, 詹夏情. 智慧社区项目建设的社会稳定风险评估——基于 Bow-tie 和贝叶斯模型的实证分析［J］. 上海行政学院学报, 2019 (5).

［20］张玉磊, 朱德米. 重大决策社会稳定风险评估机制利益相关者参与模式及其运作——基于 H 市出租车行业改革社会稳定风险评估的案例分析［J］. 求实, 2019 (2).

［21］林鸿潮. 论社会稳定风险评估的效力［J］. 北京行政学院学报, 2019 (2).

［22］谢起慧, 彭宗超. 网民负面情绪与心态风险感知实证研究——重大决策社会稳定风险评估视角［J］. 科学决策, 2018 (4).

［23］胡象明, 张丽颖. 科学主义与人文主义视角下大型工程社会稳定风险评估困境及对策探析［J］. 行政论坛, 2018 (2).

［24］杨丹, 宋英华. 转型期中国社会稳定风险评估的法治化: 挑战与回应［J］. 国家行政学院学报, 2016 (5).

［25］田先红, 罗兴佐. 官僚组织间关系与政策的象征性执行——以重大决策社会稳定风险评估制度为讨论中心［J］. 江苏行政学院学报, 2016 (5).

［26］黄杰, 朱正威, 吴佳. 重大决策社会稳定风险评估法治化建设研究论纲——基于政策文件和地方实践的探讨［J］. 中国行政管理, 2016 (7).

［27］朱正威, 白鹭, 黄杰. 重大项目社会稳定风险评估的主体、权力与责任——基于文本分析与个案研究的初步证据［J］. 甘肃行政学院学报, 2015 (4).

［28］于立深，刘东霞. 论社会稳定风险评估制度的行政自制功能［J］. 东北大学学报（社会科学版），2015（4）.

［29］程瑜，陈世明. 从"维稳"到"参与"：社会稳定风险评估新探［J］. 广西民族大学学报（哲学社会科学版），2015（3）.

［30］高山，王京京. 社会稳定风险评估的两种模式及其融合［J］. 湖南师范大学社会科学学报，2015（2）.

［31］张玉磊. 多元主体评估模式：重大决策社会稳定风险评估机制的发展方向［J］. 上海大学学报（社会科学版），2014（6）.

［32］董幼鸿. 重大事项社会稳定风险评估制度的实践与完善［J］. 中国行政管理，2011（12）.

［33］韩家勤，周伟. 第三方参与重大事项社会稳定风险评估的制度优化研究［J］. 重庆科技学院学报（社会科学版），2016（11）.

［34］李洪雷. 科学决策、民主决策、依法决策——贯穿《重大行政决策程序暂行条例》的红线［J］. 中国法律，2019（7）.

［35］孙佑海，朱炳成. 美国环境健康风险评估法律制度研究［J］. 吉首大学学报（社会科学版），2018（1）.

［36］吴林. 关于第三方机构参与社会稳定风险评估工作的几点认知［J］. 改革与开放，2016（21）.

［37］徐钝. 重大决策社会稳定风险第三方评估模式之建构理路［J］. 行政与法，2018（3）.

［38］中共中央关于全面深化改革若干重大问题的决定［J］. 求是，2013（22）.

［39］本刊讯. 国务院印发《关于加强和规范事中事后监管的指导意见》［J］. 招标采购管理，2019（11）.

［40］黄冬如. 政府购买服务"谁来买""向谁买""买什么"［N］. 中国政府采购报，2020（3）.

［41］林鸿潮. 论社会稳定风险评估的效力［J］. 北京行政学院学报，2019（2）.

［42］石佑启，邓謇. 论政府公共服务外包的风险及其法律规制［J］. 广东社会科学，2016（3）.

［43］王文博. 重大公路工程社会稳定风险评估与控制方法［D］. 西安：长安大

学，2018.

［44］祝晓亮. 我国社会稳定风险评估问题研究［D］. 武汉：华中师范大学，2014.

［45］杨智. 社会稳定形势分析及评价体系研究［D］. 武汉：武汉大学，2014.

［46］郑理. 我国重大行政决策风险评估制度的优化研究［D］. 武汉：中南财经政法大学，2015.

三、外文类

［1］ALTMAN EJ. Financial ratios, discriminant analysis and the prediction of corporate Bankruptcy［J］. Journal of finance, 2012（4）.

［2］COOK M L, BURRESS M J. The impact of CEO tenure on cooperative governance［J］. Managerial & deci- sion economics, 2013（3-5）.

［3］Social Learning Perspective［J］. Environmental impact assessment review, 1995（15）.

［4］SLOVIC P, FISCHHOFF B, LICHTENSTEIN S. Why Study Risk Perception?［J］. Risk analysis, 2010（2）.

［5］SIMON DOMBERGER. The Contracting Organization：A Strategic Guide to Outsourcing［M］. Oxford：Oxford University, 1998.

［6］HANS-MARTIN FUSSEL, RICHARD J. T. KLEIN. Climate change vulnerability assessments：an evolution of conceptual thinking［J］. Climatic change, 2006（3）.

［7］LUKE GEORGHIOU, JAKOB EDLER, ELVIRA UYARRA, et al. Policy instruments for public procurement of nnovation：Choice, design and assessment［J］. Technological forecasting & social change, 2014（86）.

［8］NATIONAL RESEARCH COUNCIL. Risk Assessment in the Federal Government：Managing the Process［M］. Washington DC：National Academy Press, 1983.

［9］PERE SUAU-SANCHEZ, MONTSERRAT PALLARES-BARBERA, VALERIÀ PAÜL. Incorporating annoyance in airport environmental policy：noise, societal response and community participation［J］. Journal of transport geography, 2011（19）.